Dima Zito | Ernest Martin

Selbstfürsorge und Schutz vor eigenen Belastungen für Soziale Berufe

Edition Sozial

Dima Zito | Ernest Martin

Selbstfürsorge und Schutz vor eigenen Belastungen für Soziale Berufe

Mit Online-Materialien

BELTZ JUVENTA

MIX
Papier | Fördert gute Waldnutzung
FSC® C089473

Dieses Buch ist erhältlich als:
ISBN 978-3-7799-3169-0 Print
ISBN 978-3-7799-5595-5 E-Book (PDF)
ISBN 978-3-7799-5775-1 Hörbuch (MP3)

1. Auflage 2021

in der Verlagsgruppe Beltz · Weinheim Basel
Werderstraße 10, 69469 Weinheim

Herstellung und Satz: Ulrike Poppel
Druck und Bindung: Beltz Grafische Betriebe, Bad Langensalza
Printed in Germany

Weitere Informationen zu unseren Autor_innen und Titeln finden Sie unter: www.beltz.de

Inhalt

Hinweise zum Online-Material

Das Online-Material können Sie über unsere Internetseite (http://beltz.de) herunterladen und anhören. Sie finden dort die drei Visualisierungsübungen *Bestandsaufnahme*, *Tresorübung* und *Krafttiermeditation*. Die beiden Autor_innen Dima Zito und Ernest Martin haben die Inhalte eingesprochen und Sie können die Audio-Dateien herunterladen.

Sie können die Materialien aufrufen, indem Sie auf die Seite des Titels gehen und im Teil „Online-Materialien" folgendes Passwort eingeben:
ZitoMartin (bitte Groß- und Kleinschreibung beachten).

Vorwort von Luise Reddemann

Arbeit im psychosozialen Bereich erfordert hohe Professionalität und Engagement, Liebe zu denen, die man begleitet und ausreichende Distanz. Dies fällt niemandem in den Schoß und die Belastungen für diejenigen, die diese Arbeit jahrein, jahraus tun, sind hoch.

Wie kann ich meine Arbeit so gestalten, dass sie mir Freude macht, dass ich gleichzeitig auch meine Grenzen erkenne, dass ich mich einbringe und abgrenze?

Alle diesen Fragen und einigen mehr gehen Dima Zito und Ernest Martin profund und fachkundig nach. So ist ein Begleiter entstanden für alle, die im psychosozialen Bereich tätig sind und den Wunsch verspüren, nicht im Burnout zu enden.

Hierzu gibt es praxisnahe und erfrischende Einladungen, sich bewusst zu machen, wie man zum Beruf gekommen ist, wie man damit begonnen hat und wie man ihn jetzt erlebt. Es folgen lesenswerte Kapitel zum Umgang mit Emotionen, die manche Fragen, die sich einem im Umgang mit schwierigen Emotionen stellen, klug und umfassend beantworten. Der wichtigste Teil des Buches sind die Anleitungen zur Selbstfürsorge, die helfen können, zu sich zu kommen und sich selbst zu beruhigen.

Dieses Buch scheint mir mit kundigem und mitfühlendem Herzen aufgrund großer Praxiserfahrung geschrieben, so dass jede/r brauchbare Hinweise finden kann, wie mit den Anforderungen in einem psychosozialen Beruf klug und freundlich mit sich selbst umgegangen werden kann.

Ich wünsche dem Buch viele Leserinnen und Leser.

Prof. Dr. med. Luise Reddemann

Einleitung

Wir leben in herausfordernden und wichtigen Umbruchzeiten. Das Vertraute erscheint immer fragwürdiger, manchmal bricht es einfach weg. Vom Ökosystem bis zum Sozialsystem und vieles andere, alles Lebendige kommt an seine Belastungsgrenze durch unsere bisherige Art zu leben. Wir müssen jetzt neue Wege finden, als Menschen global miteinander, mit der Welt um uns herum, in einer verantwortlichen, respektvollen und verbundenen Art und Weise zu koexistieren. Mit der schichtweisen Durchwirkung der Gesellschaft mit neoliberalem Gedankengut verkam so Vieles zu einem Zahlenwert, was eigentlich Liebe und Fürsorge ist und eine gewählte Verantwortungsübernahme der Gemeinschaft sein könnte. Die unbezahlten Rechnungen an einen Großteil der Welt und an die Natur sind noch viel älter und wir kriegen sie jetzt ohne Tilgungsfrist präsentiert. Das gesamte soziale System steht unter großem Druck, etwas aufzufangen, was im Ansatz nicht aufzufangen ist, zumindest nicht in diesem System. Gleichzeitig stehen Soziale Berufe mit einem erheblichen Teil ihrer Ressourcen in der Pflicht, sich ständig in ihrer Existenz und Notwendigkeit zu rechtfertigen, siehe Finanzierungsanträge, Nachweispflichten etc.

Wer will da schon in Sozialen Berufen arbeiten? Menschen, die an mehr als nur an sich selbst glauben, Idealist_innen, Verantwortliche, Hinsehende, Helfer_innen. Eben Menschen, denen es nicht egal ist. Für diese Menschen haben wir dieses Buch geschrieben. Seit vielen Jahren kennen und begleiten wir die Spannungen, die Dynamiken und Konflikte, die es mit sich bringt, wenn man strukturell wie seelisch unter den schwierigen Bedingungen navigieren will. Wenn man eine gute und befriedigende Arbeit machen will für die Menschen, mit denen man arbeitet, genauso wie für sich selbst. Fachkräfte wissen oftmals, was zu tun wäre, um gut für sich zu sorgen, doch dies gerät im Strom des Alltagsfunktionierens viel zu oft aus dem Blick. Viel zu oft, weil es eben wichtig ist, ihre in diesem Moment so existenziell relevante Aufgabe vollbringen zu können. Um es mit Gunter Schmidt zu sagen, „es ist unsere ethische Pflicht, uns im Dienste unserer Klienten gut um uns selbst zu kümmern". Sich „dem Leid der Welt" zu stellen, sich mit Schmerz, Verlust, Scheitern unserer Klient_innen zu konfrontieren, bedeutet nicht, ständig die Last der Welt auf den eigenen Schultern zu tragen. Soziale Verantwortung und Engagement bedeuten nicht Selbstvernachlässigung. Im Gegenteil. Nur, wer sich gut um sich selbst kümmert, hat die Kraft, andere zu unterstützen. Es ist möglich, sich mit Leid und Ungerechtigkeit zu konfrontieren, sich für Veränderung einzusetzen, und dennoch glücklich und erfüllt zu sein. Das bedeutet nicht, dass wir über den Dingen stehen, dass es uns nicht berührt, was wir erleben und bezeugen. Es ist richtig, sich vom Schmerz berühren zu lassen, ihn zu spüren, auch Wut, die Veränderung antreibt. Und es ist notwendig, diese Gefühle durchfließen zu lassen und immer wieder an einen (inneren oder äußeren) Ort zurückzukehren, an dem Frieden, Weite, Ruhe und Glück sind. Dieser Ort ist Ziel und Kraftquelle zugleich. Ja, das ist möglich.

Und notwendig. Ihre Arbeit ist wertvoll. Und in Sozialen Berufen sind Sie selbst Ihr wichtigstes „Arbeitsmittel“. Ihre Psyche, Ihr Gefühlsleben, Ihr Körper sind kostbar. Deshalb ist es notwendig, dass wir inmitten des Sturms so mit uns umgehen, dass er uns nicht mit sich reißt.

Es geht hier nicht um „Selbstoptimierung“, um stromlinienförmiges Funktionieren in einem fragwürdigen System. Es geht nicht darum, an sich zu arbeiten, um in Verhältnissen, die nicht in Ordnung sind, weiter zu funktionieren und diese damit aufrecht zu erhalten. Es geht darum, dort Einfluss zu nehmen, wo wir es können. Im Außen, aber eben auch im Innen, im eigenen Gefühlsleben. Wenn wir anderen helfen, weil wir dem Leben dienen, ist derselbe Respekt, die Achtsamkeit und die Zuwendung, die wir anderen zuteil werden lassen, auch für uns als Teil desselben Lebens angemessen.

Dieses Buch versteht sich nicht als wissenschaftliches Werk, sondern als Arbeitsbuch aus der Praxis für die Praxis. Es ist entstanden aus unserer eigenen langjährigen Praxis von psychosozialer Flüchtlingsarbeit, Jugendhilfe, Streetwork, Psychotherapie und Beratung, aber auch aus der Begleitung von und Reflexion mit Kolleg_innen Sozialer Berufe in Fortbildungen und Supervisionen. Während des Schreibens haben wir zudem Kolleg_innen und Freund_innen, die in Sozialen Berufen tätig sind, interviewt, was für sie die größten Herausforderungen und besten Strategien für eine gute Selbstfürsorge sind. All diesen Menschen, die ihre Fragen, ihre Erfahrungen, ihre Erkenntnisse und ihr Wissen beigetragen haben, sind wir zu Dank verpflichtet. Unser besonderer Dank gilt Luise Reddemann und Annette Windgasse für die kritische Durchsicht des Manuskripts und die konstruktiven Anregungen zur Verbesserung des Textes.

Dieses Buch beinhaltet die Essenz dessen, was wir selbst als hilfreich erleben, anwenden und in Seminaren vermitteln. Wir möchten damit konkrete Hilfestellungen geben, wie man in seinem ganz persönlichen Alltag eine verbesserte Selbstfürsorge installieren kann. Um dies zu können, müssen wir natürlich als Erstes den Blick auf uns selbst richten, liebevoll und ehrlich, wie es um die Selbstfürsorge in unserem Alltag tatsächlich aussieht. Im Beruf. Privat. Selbstfürsorge definieren wir hier zuerst als das Bewusstsein über die eigenen Ressourcen, Grenzen und Bedürfnisse, körperlich, emotional, intellektuell und dann folglich eine liebevolle, hilfreiche Bezugnahme darauf.

Damit wir gut auf die Signale unseres Systems reagieren können, müssen wir über ein gewisses Verständnis unserer inneren Prozesse verfügen. Dazu brauchen wir Modelle, die diese Prozesse abbilden. Ein gutes Modell für diese Zwecke ist einfach verständlich und erklärt Zusammenhänge nachvollziehbar. Modelle, die z. B. viel spezifisches Vorwissen erfordern, sind meist gut in der Genauigkeit der Abbildungen und tiefergehender Erklärungen, in der Praxis sieht es jedoch (leider oder auch nicht) oft so aus, dass man, gerade angesichts von Stress und Überlastung, die Energie nicht aufbringen kann oder möchte, sich in komplexere Theorien einzuarbeiten. Wir haben unserem Wunsch nach Einfachheit, Brauchbarkeit und Pragmatik folgend hier erneut[1] Modelle gewählt, mit denen man erfahrungsgemäß gut arbeiten kann. Bei aller damit gebotenen Einfachheit der Modelle sollten sie jedoch gut das abbilden, was sie beschreiben wollen. Wir hoffen, dass uns dies gelungen ist.

Im ersten Kapitel werden wir Sie zur Bestandaufnahme einladen – wie sieht Ihre aktuelle Situation aus, wie ist es um Ihre Selbstfürsorge bestellt? Im zweiten Kapitel werden wir Ihnen einige grundlegende Überlegungen zum hilfreichen Umgang mit Emotionen vorstellen. Im dritten Kapitel möchten wir Anregungen geben, wie Sie auf verschiedenen Ebenen für sich sorgen können – die „Selbstfürsorge-Choreografie für den Arbeitsalltag". Die jeweiligen Unterkapitel sind so aufgebaut, dass Sie zunächst eingeladen werden, sich zu erinnern, was Ihnen erfahrungsgemäß zu den verschiedenen Aspekten gut tut. Im Anschluss schlagen wir kleine, direkt umsetzbare Empfehlungen und Übungen vor. Im letzten Kapitel geht es um die Umsetzung und Ihre Vision einer lebenswerten Zukunft.

Dieses Buch möchte nicht nur Informationen vermitteln, sondern vor allem zu Selbstreflexion und Entwicklung einladen. Wenn Sie dieses Buch „herunterlesen", wird es hoffentlich einige Aha-Momente geben und sicherlich die eine oder andere Anregung hängen bleiben. Wenn Sie sich die Zeit nehmen, immer mal wieder innezuhalten, nachzuspüren, ihre eigenen Gedanken und Erkenntnisse festzuhalten, Übungen tatsächlich auszuprobieren und auszuwerten, wird es sicherlich eine tiefergehende Erfahrung werden und grundlegendere Auswirkungen haben. Wie auch immer: Nutzen Sie dieses Buch so, wie es Ihnen und Ihrer Lebenssituation am besten entspricht.

---

1 Dies war auch unser Ansatz, um Traumatisierungen zu erklären in unserem Buch „Umgang mit traumatisierten Flüchtlingen – ein Leitfaden für Fachkräfte und Ehrenamtliche", das 2016 bei Beltz Juventa erschienen ist.

1 Bestandsaufnahme

Bevor wir mit einigen grundlegenden Überlegungen zu Selbstfürsorge und dem Umgang mit Gefühlen starten, möchten wir Sie dort abholen, wo Sie stehen. In diesem Kapitel geht es darum zu erkunden, was Ihre zentralen Antriebskräfte und Visionen im Ihrem Beruf sind, wie Sie sich über die Zeit durch Ihr Arbeitsleben bewegt haben und vor allem, wie Ihre aktuelle Situation aussieht.

Sie können die drei Stationen (der Ausgangspunkt, der Weg, die aktuelle Situation) „in einem Rutsch" durchlaufen. Während Sie die Fragen lesen, die wir Ihnen dort jeweils stellen, werden wahrscheinlich Antworten, Erinnerungen, innere Bilder auftauchen. Damit im Hinterkopf können Sie weitergehen zum nächsten Kapitel. Vielleicht reicht Ihnen ein kurzer Blick zurück und nach Innen. Falls Sie zu den Menschen gehören, für die eine allzu intensive Beschäftigung mit ihrer Vergangenheit unangenehm ist, weil dann belastende Gefühle überwiegen: fühlen Sie sich frei, die Übungen so zu dosieren, wie es für Sie stimmig ist. Und falls es für Sie das Stimmigste ist, die Einladung zum Blick zurück ganz abzulehnen, so ist auch das in Ordnung und Sie können direkt zur aktuellen Situation übergehen.

Vielleicht gehören Sie aber auch zu den Menschen, die von Übungen zur Selbstreflexion besonders profitieren. Auch hier gilt: nehmen Sie sich soviel Raum dafür, wie Ihnen angenehm ist. Sie können die Punkte also auch in Ruhe einzeln bearbeiten, sich Zeit nehmen, Erkenntnisse aufschreiben …

1.1 Die Vision: Wie hat das alles angefangen?

Im sozialen Bereich landet man normalerweise nicht zufällig. Wir haben alle etwas, dasuns antreibt. Und das sind in der Regel nicht die vielversprechenden Verdienstmöglichkeiten (wobei es hoch angemessen wäre, wenn das Einkommen in Sozialen Berufen endlich der gesellschaftlichen Wichtigkeit des Aufgabenfeldes und dem besonderen Engagement der Fachkräfte entspräche – aber das ist ein anderer Punkt). Zurück zur Frage. Wie sind Sie hierhin gekommen? Wie hat das alles angefangen?

Die Reise zum Ausgangspunkt

Als Ausgangspunkt unserer Erkundungen wollen wir Ihre Vision nehmen, die Sie zu Ihrer Berufswahl bewogen hat. Wenn Sie mögen, nehmen Sie sich einen Moment Zeit und legen Sie sich etwas zu Schreiben bereit.

Werden Sie sich zunächst des gegenwärtigen Momentes bewusst. Kommen Sie ganz hierher. Spüren Sie in Ihren Körper hinein. Spüren Sie, wie Sie sitzen oder liegen. Spüren Sie, wie Ihr Körper die Unterlage berührt. Spüren Sie Ihre Atmung. Spüren Sie, wie ihr Körper sich bei jedem Atemzug bewegt. Wenn Sie mögen, schließen Sie die Augen und spüren ein, zwei, drei Minuten nur in sich und ihren Körper hinein, bis Sie so gut wie möglich hier und jetzt gelandet sind.

Und dann, wenn Sie bereit sind, gehen Sie vor Ihrem inneren Auge an den Punkt in Ihrem Leben zurück, an dem Sie die Entscheidung getroffen haben, diesen Beruf zu ergreifen, diese Ausbildung oder dieses Studium zu absolvieren. Wann war das? Wie alt waren Sie ungefähr? In welcher Lebenssituation war das? Was war damals wichtig? Welche inneren Bilder hatten Sie von Ihrem Berufswunsch? Welche Gefühle haben Sie damit verbunden? Gab es prägende Erfahrungen? Vorbilder, Menschen, die für Sie wichtig waren? Gab es eine Vorstellung – so will ich mal werden, das will ich mal tun? Was war Ihre Vision?

Nehmen Sie sich auch hier einige Minuten Zeit. Lassen Sie Bilder in sich aufsteigen, Assoziationen fließen.

Im Anschluss können Sie sich stichpunktartig aufschreiben, welche Vision Sie mit Ihrer Berufswahl verbunden haben. Vielleicht lässt sie sich auf einen oder wenige zentrale Punkte und Begriffe fokussieren, wie z. B. „Einsatz für Gerechtigkeit“ oder „Menschen darin unterstützen, ihren eigenen Weg zu gehen“. Wenn Sie mögen, schreiben Sie die Begriffe auf.

1.2 Der Weg: Wie sind Sie hierhin gekommen? Und was haben Sie mitgebracht?

Wenn Sie schon eine Weile im Berufsleben sind, haben Sie wahrscheinlich bereits einige oder auch viele Erfahrungen gemacht mit der konkreten Umsetzung ihrer Vision in eine gelebte Praxis – vielleicht Erfahrungen von Desillusionierung, von Transformation, Wachstum und Veränderung …

Wenn Sie mögen, nehmen Sie sich auch jetzt wieder einen Moment Zeit, um auch diese Erfahrungen und Entwicklungen Revue passieren zu lassen. Welche Stationen gab es in Ihrem Berufsleben? Schauen Sie nicht nur auf die äußeren Umstände. Schauen Sie auch darauf, wie Sie selbst sich darin bewegt und gefühlt haben. Was hat Ihnen Freude bereitet, Energie gegeben? Was hat Sie getragen, Halt gegeben in schwierigen Situationen? Welche eigenen Reaktionstendenzen haben Sie als Herausforderung erlebt? Welche persönlichen Eigenschaften waren Ressourcen?

Nehmen Sie sich auch hier so viel Zeit, wie Sie brauchen. Wenn Sie mögen, können Sie wieder die Augen schließen. Lassen Sie Bilder in sich aufsteigen, Assoziationen fließen.

Im Anschluss können Sie sich stichpunktartig aufschreiben, welche Stationen Sie durchlaufen und welche Themen Sie begleitet haben. Was waren Ihre zentralen Erkenntnisse im Verlauf Ihres Berufslebens? Und unter dem Blickwinkel der Selbstfürsorge: Welche Kontextbedingungen waren für Sie unterstützend, welche belastend? Welche Ihrer persönlichen Eigenheiten waren für Sie Herausforderungen, welche Ressourcen?

1.3 Aktuelle Situation: Wo sind Sie gelandet?

Um ein klareres Bild Ihrer aktuellen Lebens- und Arbeitssituation zu bekommen, wollen wir Sie nun einladen, sich die letzten zwei Wochen ihres Lebens genauer anzusehen um herauszufinden, wie ein „typischer Tag“ aussieht. Sollte Ihnen das Ganze nicht zusagen, auch hier, springen Sie einfach zum nächsten Kapitel.

Werden Sie sich zunächst wieder des gegenwärtigen Momentes bewusst. Kommen Sie ganz hierher. Spüren Sie in Ihren Körper hinein. Spüren Sie, wie Sie sitzen oder liegen. Spüren Sie Ihre Atmung. Spüren Sie, wie ihr Körper sich bei jedem Atemzug bewegt. Wenn Sie mögen und es für Sie angenehm ist, schließen Sie die Augen und spüren ein, zwei, drei Minuten nur in sich und ihren Körper hinein, bis Sie so gut wie möglich hier und jetzt gelandet sind.

Und dann begeben Sie sich auf eine innere Reise in die letzten zwei Wochen Ihres Lebens. Suchen Sie sich einen Tag vor ungefähr zwei Wochen aus. Meist ist es am einfachsten, mit einem Montag oder einem Wochenende zu beginnen. Und dann wandern Sie chronologisch diesen Tag und die folgenden Tage durch. Was hat sich ereignet, auf der Arbeit, im Privaten? Was haben Sie getan? Sie müssen sich nicht an jedes Detail erinnern, aber sicher bekommen Sie ein Gefühl dafür, wie Ihr Leben im Moment aussieht. Was war alltäglich, wiederkehrend? Was war besonders, überraschend? Was hat Sie gefreut, was hat Sie belastet? Was hat sie gelangweilt, was war erfüllend? Wie war die Arbeitswoche, wie die freie Zeit? Lassen Sie die Erinnerung in Ruhe durch die Tage schweifen, bis Sie langsam wieder am Morgen des heutigen Tages angelangt sind und schließlich in diesem Moment.

Lassen Sie das Gefühl in sich wirken. Wenn Sie mögen, können Sie nun anhand der „Datenbasis“ der letzten zwei Wochen Ihren „prototypischen“, durchschnittlichen Tag darstellen. Sie könnten dafür den Kreis unten nutzen. Natürlich auch hier, wie bei all unseren Übungsvorschlägen, nur, wenn es sich für Sie stimmig, angenehm oder interessant anfühlt.

Unterteilen Sie den Kreis in mindestens drei Abteilungen, die jeweils für einen Lebensbereich stehen: Arbeit, Privatleben, Schlaf. Wenn es in Ihrem Leben weitere relevante Bereiche gibt, die viel Zeit oder Energie beanspruchen, z. B. Familie, Ehrenamt, Vereinstätigkeit oder politisches Engagement, möchten Sie diese vielleicht auch mit einer eigenen Abteilung darstellen. Bei der Aufteilung des Kreises in drei oder mehr Bereiche geht es weniger um eine repräsentative Abbildung oder Zahlenakkuratesse, sondern mehr um die gefühlte Wirklichkeit: was hat wie viel Raum in Ihrem Leben eingenommen?

Dann nehmen Sie sich die einzelnen Felder vor und unterteilen sie jeweils noch einmal in einen Ressourcen- und einen Belastungsanteil.

Wenn Sie sich den Bereich „Arbeit" vorstellen: Was überwog? Wie viel war positiv, nährend, erfüllend; wie viel war belastend, stockend, nervig, stressend, überfordernd? Unterteilen Sie das Arbeitsfeld ihrem Gefühl entsprechend in zwei Teile. Und vielleicht gibt es auch eine Schnittmenge zwischen beiden. Sie können auch festhalten, womit diese Bereiche jeweils gefüllt sind. Sie können sich farbige Stifte hinzunehmen oder Symbole malen oder Stichpunkte in die Felder schreiben.

Machen Sie weiter mit dem Bereich „Privatleben", ebenso mit „Schlaf" (der kann erholsam sein, oder auch eine Belastung durch Schlaflosigkeit, sich im Bett wälzen, Alpträume, nicht einschlafen können, Dinge, die noch „über die Bettdecke laufen", viel zu früh aufstehen müssen …). Und falls Sie weitere Abteilungen hinzugefügt haben, gehen Sie genauso vor …

Nun schauen Sie sich das fertige „Mandala" an. Wie gefällt es Ihnen? Wie geht es Ihnen damit? Ist es gut so? Ist ein Bereich über-, ein anderer unterrepräsentiert? Braucht es ein bisschen Veränderung? Ganz viel Veränderung? Haben Sie schon eine Idee, in welche Richtung?

Und wenn Sie noch einmal zurückdenken an Ihren Ausgangspunkt und den Weg: Was finden Sie davon in Ihrer aktuellen Situation wieder? Konnten Sie zentrale Antriebskräfte erkennen? Gibt es für Sie „typische Fallen" und besondere Ressourcen? Vermissen Sie etwas, was Ihnen wichtig war oder sehen Sie eine gute Entwicklung?

Behalten Sie liebevoll im Hinterkopf, was Sie bei diesem Blick auf sich selbst festgestellt haben, wenn wir im nächsten Schritt einige grundlegende Überlegungen zur allgemein üblichen Dysbalance von Aktivität und Passivität, den besonderen Herausforderungen in Sozialen Berufen und zum hilfreichen Umgang mit Emotionen vorstellen.

2 Selbstfürsorge und Emotionen

2.1 Immer mehr, immer schneller? oder: die Welt ist aus der Balance geraten

Die meisten Leser_innen werden das Symbol von Yin und Yang kennen: den Kreis, der die Unendlichkeit, das Ganze, symbolisiert, und seine fließende Unterteilung in die zwei Grundpolaritäten der Existenz, Yin und Yang, Weiblich und Männlich, Hell und Dunkel, Aktiv und Passiv, und in jedem von ihnen steckt auch der Keim des Gegenteils. Dieses Symbol fokussiert die Philosophie des Taoismus, der Harmonie aller Dinge, der Balance der Gegensätze für ein glückliches und gesundes Leben. Gerade in Bezug auf eine funktionierende Selbstfürsorge ist dieses Prinzip der Balance aller Gegensätze enorm wichtig.

Denn die Welt, nahezu global, ist unbestreitbar aus der Balance geraten, und das in vielerlei Hinsicht. Was uns hier besonders interessiert, ist die Dysbalance, also das Ungleichgewicht von Aktivität und Passivität. Mit der Effektivierung von Prozessen unterschiedlicher Art durch Technologie kam die Mär einher, Mensch würde viel mehr Zeit haben, Zeit, die durch die Verkürzung eben genannter Prozesse entsteht. Theoretisch wäre dies zwar durchaus möglich, doch die Realität unseres Alltags spricht in der Regel eine ganz andere, gegenteilige Sprache. Anstatt dieselbe Anzahl an Prozessen mit viel Zeit dazwischen zu verarbeiten, vervielfacht sich die Anzahl der Handlungen an einem Tag, privat wie beruflich. Wir telefonieren, schreiben nebenbei eine Email, tragen Daten in die Statistik ein, denken währenddessen an vier weitere To-do's, und das womöglich in den zwanzig Minuten zwischen zwei Klient_innengesprächen. Also meist nicht nur eng getaktet, sondern sogar überlappend.

Durch die Digitalisierung sind die Prozesse und ihre Taktung immer mehr auf die Geschwindigkeit des Verstandes abgestimmt. Wieso kann das problematisch sein?

Man kann eine grobe Unterteilung des „Gesamtsystems Mensch" in Kognitionen, also Verstandestätigkeit, Emotionen und Körperlichkeit vornehmen. Der Verstand, die Gedanken sind sehr schnell. Emotionen brauchen deutlich länger, um zu folgen, zu reagieren, das Erlebte zu verarbeiten. Noch länger braucht der Körper, um die Gedanken und Emotionen zu integrieren, um auf sie zu reagieren. Zumindest, wenn es von Aktiviertheit in Richtung Entspannung geht.

Ein kleines Experiment hierzu gefällig? Denken Sie „Entspannung" oder besser „ich bin entspannt". Wie lange hat das gedauert? Nahezu zeitlos schnell, richtig? Fühlen Sie sich jetzt daraufhin entspannt? Wohl kaum, wenn Sie es nicht schon vorher waren. Wiederholen Sie diesen Gedanken mehrmals, halten Sie ihn eine Weile in Ihrem Bewusstsein, bis Sie eine Veränderung in Ihren Emotionen merken. Gönnen Sie sich diesen Augenblick, halten Sie den Gedanken so lange, bis Sie tatsächlich eine emotionale Veränderung merken. Wenn Sie das Experiment weiterführen möchten, beobachten Sie, wie lange es dauert, bis sich tatsächlich auch eine körperlich spürbare Entspannung einstellt. Wenn man sehr geübt ist und diese Technik beherrscht, braucht man einige Minuten, um eine Reaktion in den eigenen Emotionen und dann auch im Körper wahrnehmen zu können.

Es gibt auch sehr schnelle Reaktionen der Emotionen und des Körpers. Wahrnehmungen, die mit einer Bedrohung assoziiert sind, können emotionale Zustände in Millisekunden verändern. Genauso verhält es sich mit Körperreflexen, also Bewegungen, deren Ursprung nicht im Großhirn liegt, sondern in tieferen Arealen. Bei beidem handelt es sich um unbewusste Prozesse. Das „Sacken" von gedanklichen Impulsen in die Emotionen und den Körper dauert deutlich länger. Das müssen wir berücksichtigen, wenn wir bewusste Interventionen zur Änderung vornehmen wollen.

Unser Experiment soll veranschaulichen, dass unser Alltagsleben, sowohl beruflich als auch privat, in den meisten Fällen dem schnellen Takt der digitalisierten Welt entspricht, oder mit anderen Worten, im Großen und Ganzen der Geschwindigkeit des Verstandes. Eine Taktung, bei der Emotionen und unser Körper dauerhaft „hinterher hinken", um die vielen und vielschichtigen Erfahrungen des Verstandes zu integrieren.

In der Ruhephase zwischen zwei Yang-, also Aktivitäts-Erfahrungen, so sie überhaupt existiert, wird das Erlebte emotional verarbeitet, erst dann kann man fühlen (Emotionen) und spüren (Körper), wie das Erlebte für eine_n selbst war. Diese Phase ist für viele Aspekte sehr wichtig. Erst in der Ruhe nach der Tätigkeit merkt unser Körper, dass diese eine Handlung vorbei ist, er entspannt sich und wird bereit für die nächste. In der Ruhephase fühlen wir die tieferen, impliziten Schichten dessen, was wir erlebt haben. Vieles, was zu schnell passiert ist, um es in dem Moment zu merken, macht sich erst hinterher über ein Gefühl bemerkbar. Wenn wir diesem Gefühl dann folgen, merken wir zum Beispiel, dass wir unserem Gesprächsgegenüber an Stelle X über den Mund gefahren sind oder dass die Bemerkung Y seinerseits vielleicht gar nicht so freundlich gemeint war, wie sie formuliert wurde. In der Ruhe, der inneren Stille fügt sich alles (wieder) zusammen.

Doch was wir gesamtgesellschaftlich gelernt haben, ist meistens, selbst die kleinsten, aktivitätslosen Pausen mit irgendeiner Art von medialem Input zu füllen. Das „passive Konsumieren" medialer Inhalte ist aber kein Gegengewicht zu Aktivität. Dabei geht es nicht um eine „medienfeindliche Ideologie". Die komplexe Verarbeitung von Reizen durch unseren Organismus braucht tatsächlich Phasen echter Ruhe. Das Vermeiden der Wahrnehmung von Stille, von Ruhe, ist eine der Hauptursachen für die eingangs erwähnte Dysbalance. Spüren Sie in sich hinein, ob laut Ihrer Erfahrung, Ihren Erlebnissen an dem Ausgeführten etwas dran sein könnte.

2.2 Wie der Körper auf Stress reagiert

Wenn man auf Dauer den Gefühlen und den körperlichen Impulsen keinen Raum gibt, entsteht eine unheilvolle Negativdynamik. Man spürt sehr wohl, dass etwas aus dem Gleichgewicht geraten ist, oft wird jedoch aus einer unbewussten Angst, damit nicht umgehen zu können, dann aber erst recht die Ruhe gemieden, mitunter um genau die dann möglicherweise entstehende innere Klarheit zu vermeiden. Denn dann müsste man möglicherweise etwas ändern. Und man weiß nicht so recht, wie und was. Also „flieht" man weiter. Man fühlt sich mit der Zeit erschöpft, getrieben, „nicht bei sich", eigentümlich übervoll und leer zugleich. Dieses Gefühl wird mit zunehmender Vermeidung immer bedrohlicher, also legt man noch mehr Aktivität oder Input drauf, um die innere, dissonante Lautstärke zu übertönen. Nicht selten legt sich in irgendeinem Stadium dieser Dynamik tatsächlich ein innerer Ton, der aus der Anspannung gespeist ist, „darauf", der sogenannte Tinnitus (der letztlich eine nervöse Erregungsschleife der Hörnerven ist).

Stress versetzt unser System in Alarmiertheit, der Körper registriert „Bedrohung". Eine Unterscheidung zwischen „körperlicher" und „psychischer" oder „sozialer" Bedrohung kann der Körper nicht treffen. Er reagiert in archaischer Weise, in der „Bedrohung" eine drohende körperliche Auseinandersetzung bedeutet. Hormone zur Aktivierung werden ausgeschüttet, die Muskulatur wird auf ein höheres Anspannungsniveau gebracht. Dadurch wird schnell viel Energie zur Verfügung gestellt, um – eben archaisch – kämpfen oder fliehen zu können. Wenn die Bedrohung bewältigt ist, kann der Organismus sich erholen. Bei chronischem Stress ist diese Erholungsphase nicht ausreichend möglich. Das heißt, dass sich z. B. auch die erhöhte Muskelanspannung chronifiziert. Aus der Anspannung der Muskeln werden Verspannungen. So können sich auf Dauer sogenannte psychosomatische Beschwerden entwickeln. Dies sind körperliche Symptome, die nicht aufgrund einer körperlichen Erkrankung entstehen, sondern sich aus einem seelischen Erleben speisen und mittelbar zu tatsächlichen körperlichen Krankheiten führen können.

Wie das funktioniert, sei kurz an dem allgemein bekannten Zusammenspiel von Stress und Magenbeschwerden erklärt. Wir wissen alle: „Stress schlägt auf den Magen". Aber warum? Dadurch, dass bei Stress und psychischer Anspannung auch die Rumpfmuskulatur angespannt wird, wird der Raum für die inneren Organe enger. Dort, wo unser Magen Salzsäure ausschüttet, um den Speisebrei zu zersetzen, entsteht durch die dauerhafte Muskelanspannung so etwas wie eine Stufe. Die Säure fließt dann nicht direkt in den Magen, sondern fließt an einer oder mehreren Stellen über die Magenschleimhaut. Damit der Magen sich nicht selber durch diese hoch aggressive Salzsäure verdaut, erzeugt er ständig eine die Magenwand schützende Schleimhaut. Dadurch jedoch, dass die Säure nun aufgrund der Anspannung über diese „Kante" fließt, wird dort als Erstes die Schleimhaut angegriffen und nach einiger Zeit dünner als sonst. Nimmt man keinen Bezug darauf, entsteht die sogenannte Magenschleimhautentzündung, die Gastritis. Man hat Magenschmerzen, möglicherweise Säurereflux. Verbleibt der Organismus in diesem Zustand, wird die Schleimhaut irgendwann an einer Stelle weggeätzt und die Säure greift die Magenwand an. Dann spricht man vom Magengeschwür, dem Ulcus. Das tut nun spürbar mehr weh und folgt anderen Rhythmen als die Gastritis. Wenn man immer noch keinen hilfreichen Bezug darauf nimmt, dann wird im schlimmsten Fall die Magenwand an dieser Stelle komplett zersetzt und es entsteht ein lebensbedrohlicher Magendurchbruch, wo der Speisebrei plus Säure in den Körperinnenraum fließen kann. So kann aus einer anfänglich kaum wahrnehmbaren höheren Muskelanspannung Stufe um Stufe eine körperliche Krankheit werden, die sich zu akuter Lebensgefahr steigern kann. All dies, wenn man die Warnsignale des Körpers konsequent überhört oder ignoriert.

Wir schreiben dies nicht, um Sie in Angst und Schrecken zu versetzen. In diesem Beispiel würde man normalerweise zu irgendeinem Zeitpunkt dieser Entwicklung, die ja mit mitunter sehr starken Schmerzen einhergeht, einen Arzt aufsuchen. Aber lieber sollten wir, wenn möglich, Warnsignale der Überlastung frühzeitig wahr- und ernst nehmen. Dann können wir bewusst auf eine ausgewogenere Lebensweise hinsteuern, so dass sich Stress gar nicht erst so chronifiziert, dass er zu körperlichen Folgeerscheinungen führt.

2.3 Von Dysbalance zu Burnout

Wenn wir eine neue Aufgabe angehen, zum Beispiel in Form einer neuen Arbeitsstelle, wollen wir meistens gut sein, uns bewähren. In Sozialen Berufen tun wir in der Regel etwas Sinnvolles. Wir engagieren uns, um uns gut einzuarbeiten, geben unser Bestes, für uns, für unsere Klient_innen, für unsere Arbeitgeber_in. Wir „brennen“ für unsere neue Aufgabe. Wir achten viel mehr auf die Inhalte dieser Aufgabe als auf uns und unsere Grenzen. Temporär liegt das im Wesen der Sache und unser Organismus kann das über eine geraume Zeit kompensieren. Und irgendwann braucht er Erholung. Dieses umständebedingte erhöhte Erholungsbedürfnis addiert sich mit der oben skizzierten Dynamik der Dysbalance von Aktivität und Passivität, die unser gesamtes Leben betrifft, nicht nur den Beginn von etwas Neuem. Wenn wir „übervoll“ mit Reizen und Erlebnissen von der Arbeit nach Hause kommen, braucht unser Gehirn eine Phase äußerer Reizlosigkeit, damit die inneren Variablen einsortiert und verarbeitet werden können. Ist dies der Fall, ist der anschließende Schlaf erholsam und unser Tank ist im besten Falle am nächsten Tag wieder voll. Ist dies nicht der Fall, muss der Organismus diese Verarbeitung zu den anderen „Erfrischungsaufgaben“ noch dazu im Schlaf erledigen. Oder man liegt im Bett, todmüde, möchte nichts lieber als schlafen, doch der Kopf kreist um die noch nicht verarbeiteten Erlebnisse. So ist am nächsten Morgen, um im Bild zu bleiben, die Tanknadel nicht im grünen, sondern im gelben Bereich. Der Körper hatte nicht genug Zeit, sich zu erholen. Wenn diese Situation anhält, summiert sich die Belastung. Der

Körper greift auf „Notreserven" zurück, der Tank geht tagsüber ins Dunkelrote. Da die unaufgearbeitete Belastung immer höher wird, kommt die Nadel morgens kaum noch über den roten Bereich hinaus.

Das Problem hierbei ist, dass die notwendige Erholungszeit, wenn man auf die Notreserven zugegriffen hat, deutlich höher ist, als wenn man sich im Bereich von „grün" bis „gelb" bewegt. Man muss sich quasi erst von der Überforderung erholen, bevor man sich „normal" erholen kann. Die Tatsache, dass man den ganzen Tag im Reserve- bis Notreservebereich verbringt, zeigt mit der Zeit Auswirkungen. Man wird unkonzentriert, vergesslich, reizbar. Die Emotionalität wird flach. Nach einer Weile spiegeln einem die nahen Menschen auf der Arbeit und zuhause möglicherweise, man sei nicht mehr „derselbe Mensch" wie früher. Wenn man das hört, sollte man spätestens innehalten und sich reflektieren.

Oft wird dies jedoch abgewehrt und man macht weiter. In den meisten Fällen nimmt man auf diese Dynamik des Ausbrennens erst dann ernsthaft Bezug, wenn man in irgendeiner Form zusammenbricht, körperlich oder seelisch. Nicht selten ist dies in unserer Leistungsgesellschaft die einzige Form, wie man sich guten Gewissens eine Auszeit, eine längere Pause erlauben kann. Sowohl individuell-biografische als auch archetypisch-kollektive Ebenen (z. B. die protestantische Arbeitsethik, die unsere Gesellschaften geprägt hat) spielen hierbei eine Rolle. Oft, ja meistens wissen die Betroffenen sehr gut, dass dies keine wirklich gute Strategie ist, denn das ist ja offensichtlich so etwas wie ein „russisches Roulette": man kann Glück haben und der körperliche Zusammenbruch bleibt ohne dauerhafte Folgen. Er kann sich jedoch auch, und das gar nicht so selten, in Form eines Herzinfarktes oder Schlaganfalls äußern. Dies kann dann tödlich oder mit schweren, bleibenden Folgen verbunden sein. Wie schwer es den Betroffenen oftmals fällt, aus diesem Kreislauf auszusteigen, zeigt, wie tief die kollektiven Muster der Selbstdefinition und Selbstakzeptanz, ja gar von Daseinsberechtigung über Leistung in unseren Köpfen sitzen.

Natürlich gibt es, vor allem im sozialen Bereich, auch andere, viel pragmatischere Ebenen, die ein solches Handeln, das Arbeiten und Funktionieren weit über die eigenen Grenzen hinaus, bestärken. Wenn man ausfällt, müssen die Kolleg_innen die liegengebliebene Arbeit zu ihrer eigenen noch mit erledigen, obwohl sie selbst schon randvoll mit Aufgaben belastet sind. Also hält man verständlicherweise so lange durch, wie es irgendwie geht. Eine häufige Dynamik in Teams ist die Gesamtüberforderung, in der ein Teil der Mitarbeiter_innen überlastungsbedingt irgendwann ausfällt. Wenn sie dann wiederkommen oder schon vorher, sind dann die nächsten Mitarbeiter_innen an der Reihe, die zu ihrer eigenen Überlastung noch die Aufgaben der anderen mit auffangen mussten. Man ist sozusagen in einem ständigen Überlastungsmodus, bei dem das ganze Team immer tiefer in die Burnout-Dynamik „hineinrutscht".

2.4 Warum Selbstfürsorge für Soziale Berufe so wichtig ist: von Mitgefühlsstress und Sekundärtraumatisierung

Die oben beschriebenen Tendenzen betreffen Menschen in fast allen gesellschaftlichen Bereichen. In Sozialen Berufen, wenn wir „mit Menschen arbeiten", kommt eine weitere Herausforderung dazu. Durch unsere Empathiefähigkeit gehen wir in Resonanz mit den Gefühlen der Menschen, mit denen wir im Kontakt sind. Durch unsere Spiegelneuronen spüren wir die Gefühle unseres Gegenübers (vgl. Bauer 2016). Wir „fühlen mit". Das ist ganz normal und eine wichtige Ressource im Alltagsleben.

In Sozialen Berufen sind wir häufig mit Menschen in schwierigen Lebenssituationen, mit emotionaler Belastung oder auch psychischer Erkrankung konfrontiert. Das bedeutet, dass wir häufig mit Gefühlen wie Angst, Schmerz, Druck, Trauer oder Wut konfrontiert sind. Auch mit den belastenden Gefühlen gehen wir zwangsläufig in Resonanz, fühlen sie in unterschiedlicher Intensität mit. Wenn wir das sehr viel tun, wenn wir uns schlecht abgrenzen können, wenn wir zu wenig Entlastung und Ausgleich haben, dann führt dies früher oder später zu Mitgefühls-Stress. Unser Körper ist von diesen belastenden Emotionen, selbst wenn es nicht die eigenen sind, gestresst. Wenn eine solche Situation über längere Zeit anhält, entwickelt sich eine Erschöpfung des Mitgefühls. Die eigene Emotionalität verschließt sich, schützt sich vor diesem fortgesetzten, erzwungenen Mitfühlen. Eine tiefe emotionale Erschöpfung wird sichtbar, die sich mitunter in Zynismus und emotionaler Unberührbarkeit äußern kann.

Zusätzlichen Belastungen können Fachkräfte ausgesetzt sein, die mit (schwer) traumatisierten Menschen arbeiten. Um nicht den Rahmen dieses Buches zu sprengen, verzichten wir auf ausführlichere Erklärungen, was genau im Körper und Gehirn in einer traumatischen Situation passiert, wie sich eine Traumafolgestörung entwickelt, äußert und wie sie heilen kann.[2]

Hier nur in aller Kürze: Ein Trauma – eine seelische Wunde – kann ausgelöst werden durch die Konfrontation mit (tatsächlichem oder drohenden) Tod, schweren Verletzungen oder sexualisierter Gewalt. Wir Menschen können eine Traumatisierung erleiden, wenn uns am eigenen Leibe etwas geschieht, ein Unfall, ein gewaltsamer Übergriff, eine Bedrohung. Es kann auch traumatisierend sein, wenn uns selbst zwar nichts zustößt, wir aber Zeugen werden, mit ansehen, wie einem anderen Menschen etwas passiert, wie er verunglückt, verletzt wird oder zu Tode kommt. Auch wenn wir es nicht direkt miterleben, aber erfahren, dass einem nahestehenden Menschen etwas Schreckliches zugestoßen ist, kann dies ein Trauma auslösen. Und der letzte, im Kontext dieses Buches besonders wichtige Punkt ist, dass es auch traumatisierend sein kann, immer wieder mit den Berichten über traumatisierende Ereignisse durch traumatisierte Menschen konfrontiert zu werden.

Dies ist die Sekundärtraumatisierung. Auch hier sind unsere Spiegelneuronen, unser Mitgefühl wieder relevant. Wenn ein traumatisierter Mensch uns etwas berichtet, schwingen wir auch hier emotional mit. Wir fühlen die Angst, das Entsetzen, die Ohnmacht. Gleichzeitig entstehen in uns innere Bilder von dem, was uns berichtetet wird. Wenn wir uns solchen Gesprächen immer wieder aussetzen, ohne uns gut zu schützen oder zu entlasten, können wir mit der Zeit selbst Traumasymptome entwickeln.

Ein traumatisches Erlebnis führt nicht zwangsläufig zu einer Traumafolgestörung. Wir alle verfügen über Selbstheilungskräfte. Wie auch körperliche Wunden von selbst heilen können und dann keine ärztliche Behandlung erfordern, kann es Menschen auch gelingen, extrem belastende, (lebens-)bedrohliche und potenziell traumatisierende Erfahrungen in der Folgezeit zu verarbeiten und zu integrieren, ohne dauerhaften Schaden zu nehmen. Dabei ist die Frage: Wie stabil oder wie fragil, wie zerbrechlich ist sowohl die Persönlichkeit als auch die Lebenssituation? Welche weiteren Belastungsfaktoren gibt es in der aktuellen Lebenssituation oder der Biografie? Auf welche persönlichen und sozialen Ressourcen kann der Mensch zurückgreifen, welche Unterstützung erfährt er? Und natürlich: Wie schlimm war das, was da passiert ist? Und war es ein einzelnes schreckliches Erlebnis oder vielleicht eine Folge extrem bedrohlicher Erfahrungen über eine lange Zeit? Das Zusammenwirken von Er-

2 Wenn Sie gerne mehr über diese Prozesse erfahren möchten, empfehlen wir unser Buch „Umgang mit traumatisierten Flüchtlingen“ (Beltz Juventa 2016).

eignis-, Schutz-, und Risikofaktoren entscheidet im Wesentlichen darüber, ob es einem Menschen gelingt, schreckliche Ereignisse zu verarbeiten und zu integrieren oder eben nicht.

In vielen Sozialen Berufen haben Sie mit hoher Wahrscheinlichkeit mit traumatisierten Menschen zu tun und entsprechend sind Sie der Gefahr einer Sekundärtraumatisierung ausgesetzt. Möglicherweise gibt es auch in Ihrer eigenen Biografie oder Familiengeschichte Vorbelastungen durch unverarbeitete Traumata. Das kann Sie an dieser Stelle vulnerabler machen. Wenn Sie als Teil Ihres Arbeitslebens viele emotional aufgeladene Schilderungen traumatischer Inhalte anhören (müssen), können sich möglicherweise irgendwann traumaähnliche Symptome einstellen, selbst wenn Sie selber nichts Traumatisierendes erlebt haben.

Sie merken es an den körperlichen Reaktionen. Herzpalpitationen, eine flache und schnelle Atmung, möglicherweise Schweißausbrüche, eine starke emotionale Erregung, wenn bestimmte Themen angesprochen werden, aber auch ein Gefühl von emotionalem „Umwölktsein", all dies können Symptome einer Sekundärtraumatisierung sein. Wenn Sie dies an sich feststellen, ist es höchste Zeit, sich um Ihre psychische Gesundheit zu kümmern. Vielleicht braucht es äußeren Abstand, z. B. in der Form, dass man sich eine Zeitlang diese Art von Berichten nicht anhört, damit sich die Emotionen wieder beruhigen können. In jeden Fall ist es sinnvoll, im Arbeitsalltag Selbstschutz-, Distanzierungs- und Entlastungstechniken zu etablieren, wie sie in Kapitel drei beschrieben werden.

Ob es um die kompetente und empathische Begleitung unserer Klient_innen, den Schutz vor Mitgefühlsstress oder Sekundärtraumatisierung geht: Fachkräfte in Sozialen Berufen müssen nicht zuletzt „Profis" im Umgang mit Emotionen sein. Deshalb ist es wichtig, die Dynamik von Emotionen, die Wechselwirkung zwischen Gedanken, Gefühlen und Körper zu verstehen, um sich gut durch den Arbeitsalltag (und das Leben) bewegen zu können. Ebenso wichtig ist es, die eigenen – aktuellen wie alten, gespeicherten – Emotionen einschätzen zu können und einen liebevollen Umgang damit zu finden. Deshalb wollen wir Ihnen in den folgenden Kapiteln einige grundlegende Betrachtungen und Erklärungen dazu vorstellen. In unserer Arbeitspraxis setzen wir auf die „magische Kraft" des Verstehens. Wenn man wirklich versteht, was in einem passiert, kann man in den meisten Fällen in der Selbstverantwortung für das eigene Wohlergehen die individuell nötigen Schritte von selbst erkennen und gehen.

2.5 Die Rolle der Emotionen im menschlichen Erleben

Das, was wir als Emotionen (E-Motion: eine innere, nach außen gerichtete Bewegung) bezeichnen, ist eigentlich ein Sammelsurium von Erlebnisweisen, die wir seit der Geburt, zum Teil bereits vorher, erfahren. Im Rahmen unserer Sozialisation wird uns leider jedoch meist wenig bis gar nicht beigebracht, was Emotionen genau sind und vor allem, wie man mit ihnen (sinnvoll) umgeht. Eine gute Selbstfürsorge zu etablieren, bedeutet in weiten Teilen, die eigenen Emotionen wahrnehmen und einordnen zu können und im nächsten Schritt angemessen darauf Bezug zu nehmen.

Gefühle und Mentalisierung

Ein Kind weiß nicht von alleine, ob es nun fröhlich, traurig oder wütend ist. Es fühlt zum Beispiel eine Schwere im Brustbereich, die Augen werden schwer, als die Mutter ihm das geliebte Kuscheltier weggenommen hat, warum auch immer. Dann sagt die Mutter: „Sei nicht traurig, ich muss es nur mal waschen, du bekommst es bald wieder!" Aha! Also ist dieser innere „nasse Sack" mit einem Zug auf die Tränendrüse Trauer. Wenn hingegen man in einer inneren, strahlenden Wärme zu Mama und Papa guckt und diese sagen „Mama/Papa liebt dich auch", vermittelt sich dem Kind, was Liebe ist. Diesen Vorgang der Identifizierbarmachung von Gefühlen, in den meisten Fällen durch Spiegelung von außen, nennt man Mentalisierung. Je besser und vielfältiger unser emotionales Erleben mentalisiert wird, desto präziser und facettenreicher können wir Gefühle wahrnehmen und damit auch kommunizieren.

Es gibt dabei geschlechtsspezifische Unterschiede, immer noch oder gerade wieder. Mädchen „dürfen" in der Regel eine breite und facettenreiche emotionale Palette erleben und ausleben, während Jungen nicht selten in der Tendenz von „ein Indianer kennt keinen Schmerz" erzogen werden. Wenn Jungen zu viel von Gefühlen berichten, gelten sie als „mädchenhaft" oder „weibisch". Nicht selten führt das zu einer viel weniger komplexen Mentalisierung von Gefühlen. Wenn dann im Erwachsenenalter z. B. die Partnerin dringend und mit einem gewissen Druck Auskunft haben möchte über das eigene Innen-Erleben, führt es eher zu Überforderung und inneren Rückzug, als dass der Gefragte darüber etwas sagen könnte. Nicht selten sitzen Männer im Therapiestuhl mit angstgeweiteten Augen und weiß schimmernden Knöcheln ob des Drucks auf die Lehne und antworten auf die Frage „Was macht

Ihnen so viel Angst?" überzeugt mit „Ich habe gar keine Angst". Und sie meinen es ehrlich. Sie nehmen ihre Angst nicht wahr oder können sie nicht benennen.

Für die spätere Emotionalität ist es also relevant, ob und wie komplex man als Kind lernt, Gefühle wahrzunehmen und zu benennen. Aber auch im Erwachsenenalter kann man die Sensibilisierung für die eigene Emotionalität nachholen. Es passiert dann zwar nicht so selbstverständlich und fließend wie in der Kindheit, ist aber durch achtsames Wahrnehmen der eigenen Gefühlsregungen und das Aneignen eines entsprechenden Wortschatzes mit der Zeit gut erlernbar.

„Alles was wir tun, tun wir für ein Gefühl"

Die Rolle von Emotionen im menschlichen Leben ist unschätzbar. Ohne Emotionen würde uns der wichtigste Kompass im Leben fehlen und die wichtigste Quelle von befriedigendem Erleben. Wir gehen so weit zu sagen: „Alles was wir tun, tun wir letztlich für ein Gefühl." Ist diese zugegebenermaßen steile These so aufstellbar? Wir meinen, ja. Von sehr basal bis abstrakt – die Befriedigung eines Bedürfnisses merken wir an einem Gefühl. Erfolg, ein Bildungsabschluss, der schöne Urlaub, das Häuschen im Grünen, das Treffen mit Freunden oder die erotische Eskapade, alles setzt Gefühle frei. Nehmen Sie sich gerne auch hier einen Moment Zeit und deklinieren das durch.

2.6 Umgang mit biografisch „alten" Emotionen

Meistens „lernen" wir im Laufe unseres Lebens, dass es so etwas wie „richtige" und „falsche" Gefühle gibt. Manchmal werden unsere Gefühle von unseren Mitmenschen und auch von uns selbst infrage gestellt und für unangemessen gehalten. Doch Gefühle sind einfach Gefühle, sie sind ein Feedback, eine Auswertung. Sie sagen uns immer etwas. Sie können sich auf das Heute beziehen und uns über eine aktuelle Situation etwas sagen, dann fühlen sie sich zumeist „richtig" an. Oder sie sagen uns etwas über frühere Erlebnisse und werden von dem Heute über Assoziationen, über Ähnlichkeiten mit einer früheren Situation wieder aufgerufen. Sie sagen dann vielleicht mehr über das Gestern als über das Heute etwas aus, fühlen sich also möglicherweise im Kontext von Heute „falsch“ bzw. unangemessen an.

Für ein kleines Kind fühlen sich manche Emotionen sehr existentiell, ja geradezu lebensbedrohlich an. Es kann eine eigene Emotion sein, wenn zum Beispiel das Kind nachts in einem dunklen Raum aufwacht und kein Elternteil ist da. Es fängt an zu weinen, um sie herbei zu rufen. Möglicherweise schlafen die Eltern oder sie hängen dem Glaubenssatz der „Schwarzen Pädagogik“ an, „Schreien stärkt die Lungen, lass das Kind ruhig schreien.“ Die Emotion des Kindes meldet zunehmend „Gefahr, Gefahr, große Gefahr!“, denn die Versorgung mit Nahrung oder Sicherheit durch Körperwärme bleibt offensichtlich aus. Und das ist möglicherweise nicht zum ersten Mal passiert. Es bekommt Angst, die sich immer mehr in Richtung einer Todesangst entwickelt. Falls irgendwann die Eltern doch kommen, kann sich das Kind entspannen, die Emotion wird aus dem Körper abfließen, wenn der hinzukommende Elternteil die benötigte Wärme und Sicherheit ausstrahlt. Falls nicht, wird die Emotion möglicherweise so stark werden, dass sie das Kind zu überwältigen droht, dann setzt irgendwann ein Mechanismus ein, der uns als Menschen zu Eigen ist: die Emotion wird abgespalten. Ist sie dann weg? Es fühlt sich zwar so an in solch einem Augenblick, doch das Gegenteil ist der Fall. Damit eine Emotion „weg“ ist, muss sie gefühlt werden, durch das Bewusstsein fließen, abfließen. Bei dem Vorgang der Abspaltung, der Verdrängung einer Emotion, fühlt es sich so an, als habe man das Gefühl aus dem Bewusstsein heraus gedrängt. Was aber tatsächlich passiert, ist, dass das Bewusstsein sich dem jeweiligen Geschehen entzieht. Man „dissoziiert“ emotional, zieht sich also mit dem Bewusstsein aus den eigenen Emotionen zurück. Dies ist deswegen bedeutsam, weil die zwar entstandene, aber nicht abgeflossene Emotion nach diesem Entziehen gespeichert bleibt, in einer Art „emotionalem Sack“, einem Päckchen, das wir fortan mit uns tragen, bis es (hoffentlich) endlich irgendwann einmal abfließen wird.

Eine Emotion kann auch überwältigen, wenn sie gar nicht vom Kind selber gefühlt wird, sondern von einem sehr nahen Menschen, zum Beispiel der Mutter. Wenn die Mutter voller Schmerz oder Trauer ist und mit dem Kind interagiert, kann das Kind nicht unterscheiden, ob dies nun seine eigene Emotion ist oder nicht. Die Trauer ist im Raum und das Kind hat das Gefühl, daran „zu ersticken“. Also wird es sich, wenn es zu viel wird, ebenfalls aus dem emotionalen Erleben zurückziehen mit dem Preis, dass auch hier ein „Trauer-Päckchen“ an ihm ungefühlt hängen bleibt.

Von diesen „Päckchen“ tragen wir alle in der Regel eine ganze Menge mit uns herum. Oft passiert es, dass sie in späteren Situationen, die auf irgendeine Weise der Ursprungssituation ähneln, „angetriggert“, also aktiviert, sozusagen geöffnet werden. Dann kommt die alte Emotion wieder hoch und legt sich quasi auf die in dem späteren Moment entstandene Emotion drauf. Zusammen erscheinen sie als eine große Gesamt-Emotion. Möglicherweise geht in Erwachsenenjahren die Partnerin ohne Bescheid zu sagen „nur mal kurz Zigaretten holen“, dann kann sich die Irritation, wo sie denn auf einmal ist, auf diese frühkindliche Verlassensangst „legen“, dann fühlt sich die tatsächlich nur kurze Abwesenheit der Partnerin emotional nahezu lebensbedrohlich an. Also wird eine heute ungefährliche Situation über Assoziation mit der alten, lebensgefährlichen, zusammengebracht. Wenn die Raucherin dann nichtsahnend zurückkommt, sieht sie sich einem emotionalen „shit storm“ ausgesetzt, das „Wo warst du?“ wird sich nicht wie eine leicht irritierte Nachfrage anfühlen, sondern wie ein existentieller Vorwurf, eine vernichtende Anklage. Da sie die entgegengebrachte Emotion als nicht situationsangemessen empfinden wird, kann es prompt zu einem Streit kommen. Die Raucherin kann kaum umhin zu empfinden, dass das „Drama“, das die andere Person „veranstaltet“, nicht dem tatsächlichen Geschehen entspricht, dass es „unangemessen“ sei, vielleicht eben, dass der andere „falsch fühlt“. Wenn sie das dem anderen genervt so darbietet, wird die andere Person ihr Gefühl bewusst oder wahrscheinlicher unbewusst verteidigen. Sie wird sich kognitiv eine Rechtfertigung dieses Gefühls in Bruchteilen von Sekunden „zurecht legen“, ohne jedoch davon irgendetwas mitzubekommen. Dieser Umstand wird uns später nochmal begegnen.

Also kann man doch „falsch“ fühlen? Ja und nein, und das verdient anhand dieses konstruierten Beispiels einen genaueren Blick. Das Kind hat ja, wenn man so will, möglicherweise bereits „falsch“ gefühlt, es war faktisch nicht in Lebensgefahr. Die Eltern waren wahrscheinlich im Nebenzimmer, es drohte keine ernsthafte Gefahr. Doch wusste das Kind in dem Augenblick nichts davon. Erst recht ist die erwachsene Person, die sehr gut ihr eigenes Überleben sichern kann, in keiner existentiellen Gefahr. „Falsch“ bzw. unangemessen ist dann also ein Gefühl, wenn es nicht auf die äußeren Umstände abgestimmt oder diesen angemessen ist. „Richtig“ ist es, weil es im Moment des Entstehens eine angemessene Reaktion darauf war, wie sich die Realität darstellte.

Um einen angemessenen und hilfreichen Umgang mit den eigenen Emotionen praktizieren zu können, ist es wichtig, sowohl dem „richtig“ als auch dem „falsch“ gerecht zu werden. Wenn der erwachsene Mensch realisiert, dass die Angst nicht „angemessen“ war, die er hatte, als die Partnerin Zigaretten holen ging, wie soll oder kann er denn „richtig“ reagieren? Die eigene Emotion abzuwerten und erneut zu verdrängen, wird nicht wirklich helfen, denn das programmiert eine erneute Überreaktion beim nächsten Trigger vor. Sich hineinzusteigern und durch intensive Appelle an den anderen eine erneute Triggerung vermeiden zu wollen („Mach das nie wieder, hörst du?") hilft ebenfalls nicht. Der andere wird früher oder später wieder etwas unwissentlich tun, was dieses frühe Verlassenheitsgefühl antriggert, wie z. B. unangekündigt eine halbe Stunde später von der Arbeit heimkommen, weil man sich mit jemandem „verquatscht" hat .

Deshalb ist es so wichtig, zu verstehen, wie die eigenen Gefühle funktionieren, welche Logik ihnen innewohnt. Wir haben alle normalerweise eine ganze Ansammlung „nicht abgeflossener alter Gefühle", und der unreflektierte Umgang damit gleicht in der Regel einem Taumeln zwischen Verdrängen (Wegschieben, weil bedrohlich oder als unangemessen bewertet) und „Hineinfallen" (also Ausleben, weil als angemessen empfunden). Somit ist die erste Voraussetzung für einen hilfreichen Umgang mit Emotionen das Bewusstsein, dass wir alle diese alten Emotionspäckchen mit uns herum tragen.

Das heißt in der Praxis, wenn mich ein intensives Gefühl mit Wucht packt, kann es sein, dass es viel mehr über ein schmerzhaftes Gestern sagt, als über das Heute. Also lohnt es unbedingt, vor dem Ausagieren dieser wuchtigen Emotion *einen Augenblick innezuhalten* und Innen- und Außenwelt abzugleichen. Ist das „da draußen" wirklich so schlimm, wie mein Gefühl mir gerade weismachen will? Wenn ja, ok. Wenn nicht, dann ist offensichtlich ein inneres „Päckchen" angesprungen. Wichtig hierbei ist, das „so schlimm" des Gefühls durchaus wahr- und ernst zu nehmen, aber in Betracht zu ziehen, dass es auf etwas Inneres, Früheres und nicht auf etwas Äußeres verweist. Nicht abwerten, sich nicht verurteilen, nur feststellen.

Und dann? Was mache ich denn ganz konkret, wenn ich realisiere, dass es dem Heute nicht angemessen ist, ich mich dennoch davon angebrandet oder überflutet empfinde? Die Partnerin ist erneut zu spät, hat nicht Bescheid gesagt, ich weiß um meine frühen Verlustängste, die trotz Selbstberuhigung allmählich immer stärker werden. Was mache ich? *Durchfließen lassen* lautet die Antwort. So einfach das klingt, so kunstvoll oder herausfordernd kann sich dies in der Praxis ausnehmen. Doch man kann es erlernen, und das muss man auch, denn von alleine findet man diesen zunächst schmalen Grat zwischen Verdrängen und Hineinfallen nicht. Später kann dies jedoch zu einer zweiten Natur werden und elegant und fließend geschehen. Die Kunst ist es, einen inneren Zustand zu etablieren, in dem eine Emotion zwar präsent sein darf, ich diese jedoch „nur" als eine alte Emotion identifiziere.

Warum soll das denn so schwierig sein, das klingt doch relativ einfach? Die Schwierigkeit entsteht mal wieder durch unseren Verstand, der stets darum bemüht ist, die Realitätskonstruktion und das emotionale Feedback in Übereinstimmung zu halten. Das funktioniert in beide Richtungen. Um dies zu erläutern, brauchen wir wieder ein Beispiel.

Ein möglicher Zeitpunkt, in dem sich alte Emotionen melden, an die Oberfläche kommen, um durchzufließen, ist morgens nach dem Schlaf, wenn man nicht sofort aufstehen muss. Man wacht auf und stellt fest, dass man heute besonders traurig, bedrückt, ängstlich oder wütend ist. Dies ist im Übrigen die klassische „Palette" der verdrängten Gefühle. Im zunächst mehr theoretischen Fall, dass man die oben skizzierten inneren Dynamiken kennt, *gleicht man dieses Gefühl kurz mit dem gestrigen und bevorstehenden Tag ab* und stellt fest, dass es heute (wahrscheinlich) gar keinen Grund gibt, um z. B. traurig zu sein. Vielleicht bekommt man bei Hineinspüren in dieses Gefühl innere Bilder oder Erinnerungen, womit es zusammenhängt, vielleicht mit einem Traum, oder vielleicht auch nicht. *Man wählt trotz des an sich eher unangenehmen Gefühls eine Perspektive der Freude*, dass mal wieder einige Tassen alter „Schmodder" durch einen hindurch abfließen. *Man ändert nichts an dem Gefühl, folgt diesem aber auch nicht*, und geht normal in den Tag. Damit das Gefühl gut abfließen kann, *atmet man möglicherweise etwas tiefer* und voller als sonst, denn der Atem funktioniert wie eine Pumpe für diese abfließenden Emotionen. Spätestens ein, zwei Stunden später ändert sich das innere emotionale Geschehen von alleine und eine neue, dem Tag angemessene emotionale Landschaft stellt sich innerlich ein. Zudem fühlt man sich normalerweise spürbar leichter, man spürt nämlich nahezu körperlich, wenn solche alten emotionalen Speicher ein Stück weit geleert worden sind.

Ist das der Normalfall? Leider nein. Im Normalfall wacht man mit diesem Gefühl z. B. der Traurigkeit auf, und in der Regel noch vor dem bewussten Wahrnehmen der Emotion bringt unser kreativer Verstand Innen- und Außenwelt in Übereinstimmung. Denn genauso, wie der Verstand Realität konstruiert, die sich dann „irgendwie" anfühlt, kann er die Realitätskonstruktion zu einem vorhandenen Gefühl „nachliefern". Man erzählt sich quasi „eine Story zum Gefühl", ohne es jedoch bewusst mitzubekommen. Man denkt an den längst Verflossenen, an die (so wahrgenommene) zunehmende Distanzierung des Arbeitskollegen XY, das verpatzte Beratungsgespräch oder irgendwas anderes, was dieser Traurigkeit gerecht wird. Außen- und Innenwelt passen dann wieder zusammen (meistens ohne dass man zu irgendeiner Zeit bewusst bemerkt hat, dass sie es für einen Augenblick lang nicht taten) und das Gefühl fühlt sich „richtig" an. Aus der Perspektive des Abfließens gespeicherter alter Emotionen jedoch ist dies fatal. Denn dadurch, dass man das Gefühl nun als angemessen empfindet, blockiert dies nicht nur das Abfließen, sondern man

„packt“ auf dieses Gefühl noch mehr des Gleichen oben drauf. Anstatt abzufließen, vergrößert sich der Speicher dieses Gefühls.

2.7 Keine Angst vor Gefühlen! Oder der Umgang mit der Staumauer

Will man diese alten, irgendwo in uns gespeicherten Emotionen in den Fluss bringen, zeigt sich oft eine weitere Dynamik. Wenn jemand früh gelernt hat, beispielsweise seine Trauer wegzuschieben, oder seine Angst, so ist dies über die Jahre zu einem selbstverständlichen, nicht mehr bewussten Umgang geworden. Wenn sich das entsprechende Gefühl meldet, wird es „hinter den Schleier des Bewusstseins“ geschoben.

Es ist so etwas wie eine Staumauer in uns entstanden, eine Staumauer, die verhindert, dass dieses spezifische Gefühl in unser Bewusstsein drängt. Im Bild bedeutet das, dass irgendwo ganz „hinten“, am entgegengesetzten Ende des Stausees ein Bach existiert, ein Fluss, der diesen Stausee speist. Das wäre der natürliche Fluss dieses Gefühls, denn natürlich passiert immer wieder etwas in unserem Leben, das auch Trauer, Angst, Wut etc. auslöst. Doch da unser Bewusstsein sich bildlich gesprochen auf der anderen Seite der Staumauer befindet, hat man kein Gefühl mehr dazu, wie breit, tief, plätschernd oder reißend dieser Bach ist. Man fühlt nur, dass es hinter der Staumauer ganz schön viel angesammeltes Gefühl gibt. Man hat sozusagen Drucksensoren in der Mauer, die melden, dass dahinter scheinbar „eine ganz große Menge“ dieses Gefühls angestaut liegt. Diese Sensoren erzeugen häufig eine Angst, dass, wenn dieses Gefühl ins Fließen käme, man darin „ertrinken“ oder „untergehen“ würde. Wenn es sich beim unterdrückten Gefühl um Angst handelt, würden wir es in therapeutischen Begriffen „Angst vor der Angst“ nennen. Man bekommt Angst vor der vermeintlichen Wucht der eigenen, gespeicherten

Emotionen, was einen wiederum darin bestärkt, die Staumauer aufrecht zu erhalten oder gar noch zu verstärken.

Diese Ängste vor der Wucht der eigenen Gefühle stammen in ihrer „Architektur“ allerdings aus einer kindlichen Zeit, in der das zarte System eines Kindes tatsächlich an die Grenzen des Aushaltbaren gelangen kann. Ein erwachsener Mensch hat, um in diesem Bild zu bleiben, sehr genau arbeitende, erfahrungsbasierte innere „Wächter“, fernab des Bewusstseins, die präzise den Abfluss dieses im Stausee gespeicherten Gefühls in Übereinstimmung mit der eigenen Integrationsfähigkeit steuern können. Das bedeutet wiederum, wenn man sich als Erwachsener diesen alten, emotionalen Päckchen zuwendet mit der Absicht, sie ins Fließen zu bringen, sieht man sich als Erstes mit der Angst vor diesen Gefühlen konfrontiert. Dies ist ganz normal und liegt im Wesen der Sache. Der hilfreiche Schritt an dieser Stelle ist, sich in das Vertrauen hinein zu entspannen, dass diese Emotionen einem als Erwachsenem nichts anhaben können. Dieser Schritt des zunehmenden Vertrauens ist an dieser Stelle essentiell, denn sonst erschafft man so etwas wie eine Pattsituation. Man sagt seinem Unterbewusstsein quasi „Gefühl, komm!“ und gleichzeitig wird die Staumauer tapfer aufrechterhalten oder verstärkt.

Dieses Vertrauen kann wiederum nicht dadurch entstehen, dass Sie dem hier Geschilderten glauben, Vertrauen entsteht am effektivsten durch eigene Erfahrung. Darum überprüfen Sie folgende These: eine durch Sie fließende Emotion (das Fließen ist hierbei entscheidend), egal wie unangenehm oder beängstigend sie sein mag, vermag folgendes bewirken:

- Weinen
- Zittern
- Schweißausbrüche
- Übelkeit, die schlimmstenfalls zum Würgen oder Erbrechen führen kann
- Durchfall

Und das war's. Dies sind die physiologischen Begleiterscheinungen, die jede_jeder von uns mal mehr, mal weniger kennt im Zusammenhang mit überwältigenden Emotionen.
Glauben Sie das nicht! Überprüfen Sie es, überprüfen Sie Ihre eigenen Wächter, überprüfen Sie die Auswirkungen. Um das Bild des Umgangs mit diesen inneren „Stauseen“ abzurunden, also eine

Zusammenfassung zum Umgang mit alten Emotionen

- Emotionen, die nicht durch das Bewusstsein fließen durften, bilden Speicher im eigenen Emotionalkörper. Diese beeinflussen über die Jahre negativ das emotionale Erleben und die physiologischen Funktionen des eigenen Körpers. Man fühlt sich emotional schwer, bedrückt, oft blockiert. Nach vielen Jahren der Verdrängung kann irgendwann auch der Körper krank werden.
- Darum ist es sinnvoll und hilfreich, diese „Stauseen" ins Fließen zu bringen, Schicht um Schicht, um letztlich wieder zum ursprünglichen Bach oder Fluss zu kommen, der in seinem Volumen vom erwachsenen System in der Regel sehr gut integrierbar ist.
- Dazu nimmt man sich eine ruhige, ablenkungsfreie Zeit und wendet sich pro Stausee der inneren Staumauer zu und atmet regelmäßig und tief, während man das verdrängte Gefühl einlädt, zu kommen und *durchzufließen.* Es geht nicht darum, diese Emotionen dann festzuhalten und weiter zu nähren, es geht um Durchfließen. Dies nie vergessen!
- Als Erstes wird man der Angst vor diesen Gefühlen begegnen, denn man hat sie ja zu gegebener Zeit aus gutem Grund aus dem Bewusstsein gedrängt. Diese Angst wahrnehmen, sie darf auch sein und durchfließen, doch auch hier, nicht festhalten oder verstärken. *Einfach da sein lassen und weiter atmen.* Dann wird sich, sofern dieser Schritt gelingt, etwas vom Inhalt des alten Gefühls zeigen. Auch hier, wahrnehmen, fließen lassen, nichts wegdrücken, nichts festhalten. Einfach *atmend mit diesem Gefühl sein.*
- Nach einer gewissen, am Anfang möglicherweise sehr kurzen, später längeren Zeit, hört der Strom dieses Gefühls von alleine wieder auf. Dann ist die „Session" für dieses Mal beendet.
- Beobachten Sie schließlich, wie Sie sich fühlen, emotional und körperlich.
- Wertschätzen Sie den Schritt, sich dem ein Leben lang Verdrängten zugewendet zu haben. Wie war es?

2.8 Umgang mit aktuellen negativen Emotionen

Eine Emotion ist ein Feedback, eine Auswertung. Es gibt Lebensumstände, privat oder im Arbeitsleben, die nahezu zwangsläufig negative Gefühle bewirken. Im Arbeitsleben kann dies zum Beispiel mangelnde Wertschätzung der eigenen Arbeit sein, die sich durch schlechte Bezahlung, durch einen unvorteilhaften Leitungsstil oder durch eine unkooperative Stimmung ausdrücken kann. Zu viele Aufgaben, stete Überforderung, wenig oder keine erlebten, gefühlten Erfolge, ungünstige räumliche Verhältnisse und vieles mehr kann dazu führen, dass man sich auf der Arbeit einfach nicht wohl fühlt. Dies hat ganz und gar mit dem Jetzt zu tun und nichts oder sehr wenig mit der eigenen Vergangenheit. Wie geht man damit hilfreich um? Ein brauchbarer Dreisatz lautet: „change it, leave it or accept it" – Ändere die Situation, verlasse sie oder, wenn beides nicht möglich oder sinnvoll ist, akzeptiere sie (vgl. Tolle 2010).

Wenn uns etwas über die persönlichen Grenzen geht, sei es körperlich, emotional oder mental, setzt sich in uns, wenn unsere Sozialisation uns diesen Impuls nicht abtrainiert hat, massiv Energie frei. Diese Energie, die „natürliche Tendenz zur Wiederherstellung der eigenen Grenzen" nennt man geläufigerweise Wut. Wut birgt keinen Schädigungswunsch in sich, sie sagt nur „Weg damit!" und meint damit das Grenzüberschreitende. Somit ist ein konstruktiver Umgang mit Wut die Lenkung dieser Energie in die Änderung der Umstände, die die Wut erzeugt haben. Das kann ein Gespräch mit Kolleg_innen oder mit der Leitung sein, eine klare Ansage an übergriffige Klient_innen oder vieles andere.

Dabei ist jedoch zentral, dass die Energie sich tatsächlich auf die Quelle der Wut richtet und nicht ausweicht in andere Richtungen, sonst verstärken sich die Unzufriedenheit und die Probleme. Wenn ich von oben ungerechtfertigt Druck bekomme oder allgemein schlecht behandelt werde und, anstatt „oben" eine Auseinandersetzung zu suchen, das Empfangene an meine Mitarbeiter_innen oder Kolleg_innen weitergebe, wird es mir nicht wirklich besser gehen, und dazu geht es den anderen auch noch schlecht. Von dem moralischen Aspekt ganz zu schweigen.

Ähnlich zersetzend wirkt die „Lästerdynamik". Die Energie wird umgelenkt, indem man sich schrecklich über besagte Leitung bei den Kolleg_innen beschwert, vor dem_der Verursacher_in enthält man sich jedoch jeglicher Äußerung. Hilft nicht, sondern vergiftet die Gesamtstimmung und erschafft oft dazu eine Kultur des Negativismus und der Opferhaltung, die zunehmend die Atmosphäre im Team bestimmen kann. Wenn eine solche Kultur einmal im Team verankert ist, ist es sehr schwer, diese zu transformieren, selbst dann wenn alle an deren Entstehung beteiligten Kolleg_innen schon nicht mehr in der Einrichtung arbeiten.

Wenn wir ehrlich und mutig versucht haben, das zu ändern, was uns belastet oder schädigt, und es hat keine spürbare Verbesserung stattgefunden, dann ist es Zeit, ernsthaft zu überlegen, das System, den Arbeitsplatz, den ehrenamtlichen Einsatzort, die Partnerschaft, eine Freundschaft, zu verlassen. Wenn dies warum auch immer nicht möglich ist, oder man angesichts aller Variablen doch wählt, zu bleiben, dann gilt es, die Gesamtsituation zu akzeptieren und somit auch die störenden oder schmerzhaften Variablen, denn sie gehören zum Gesamtpaket dazu. Um in diesem Bild zu bleiben: wir kaufen im Leben immer „Gesamtpakete“: Ausbildungen, Freundschaften, Liebesbeziehungen, Arbeitsstellen, Sportvereine. Es gibt darin immer auch Störendes, Schmerzhaftes. Ein Paket ohne diese Variablen würde keine Entwicklung ermöglichen. Wenn wir die Mehrzahl des Paketes bejahen, dann ist es für die eigene Zufriedenheit unverzichtbar, nicht in ständigem inneren Widerstand oder Kampf mit den Elementen zu verharren, die uns stören, sondern sie als dazugehörend zu akzeptieren. Wenn wir Dinge im Äußeren nicht verändern können, uns aber dennoch entscheiden, die Situation nicht zu verlassen, hilft es uns nicht, wenn wir uns innerlich daran aufreiben. Das „Akzeptieren“ hat nichts mit Resignation zu tun, sondern setzt die im inneren Widerstand gebundene Energie frei, so dass wir sie wieder für uns nutzen können.

2.9 „It is your mind, that creates this world“ oder die Macht der Perspektive

Es gibt noch ein weiteres, potenziell sehr mächtiges Werkzeug, womit man die eigene Zufriedenheit beeinflussen kann, das aus unserer Sicht beleuchtet gehört.

Eine Hauptaufgabe unseres Gehirns ist es, aus den unzähligen Variablen, die unsere äußeren und inneren Sinnesorgane liefern, eine kohärente, also zusammenhängende Realität zu strukturieren, zu konstruieren. Diese Realität löst ein bestimmtes Gefühl aus. Diese emotionale Färbung wiederum gibt uns ein Feedback zu der Realität, die wir uns, meist vollkommen unbewusst, erschaffen haben. Es fühlt sich zunächst so an, als ob das Geschehen im Außen die Emotion hervorruft. Faktisch ist es jedoch unsere Wahrnehmung und Einordnung des Geschehens, die die Emotion bewirkt. Was wir jedoch oft gar nicht präsent haben ist: diese ist im höchsten Maße subjektiv und individuell. Und damit auch veränderbar. Wenn zwei Menschen in einer von außen betrachtet nahezu identischen Situation sind, können sich die individuell daraus strukturierten Realitäten sehr unterschiedlich, ja geradezu gegensätzlich abbilden, je nach der individuellen Erfahrung und der Interpretation des Geschehens. Dies ist mit dem Zitat, das Buddha zugeschrieben wird, gemeint: „it is your mind, that creates this world“ (Es ist dein Geist, der diese Welt erschafft).

Wenn beispielsweise Klient_innen zu uns in die Praxis kommen, kann es für den einen in seiner Realität bedeuten: „So tief bin ich schon angelangt, jetzt muss ich sogar zum Psycho.“ Die andere hingegen denkt möglicherweise: „So, jetzt endlich bin ich so stark, dass ich mein Leben in die eigene Hand nehme, wie gut, dass ich den Schritt zum Therapeuten geschafft habe.“ Derselbe Umstand wird gegensätzlich bewertet, eingeordnet. Für die eine Person ist der Sessel im Raum „ah, ein Billigsessel vom schwedischen Möbelhaus“, für die andere eine wunderbar bequeme Sitzgelegenheit. Soweit nachvollziehbar, geradezu banal?

Schauen wir präziser hin, wie diese Realitäten denn nun entstehen, gespeist aus der Mischung aus individuellem Erfahrungsschatz und der Interpretation des Geschehens. Wenn wir etwas erleben, fragt bildlich gesprochen die eine Gehirnhälfte die andere, die die „Datenbank“ der persönlichen Erfahrungen verwaltet, „Hast du was zu dieser Situation? Kennen wir das?“ Kennt man einzelne oder mehrere Elemente aus der aktuellen Situation, neigt man dann in der Zusammenarbeit beider Hirnhälften dazu, die neue Situation ähnlich bis gleich wie die bekannte einzuordnen. Das macht die Welt scheinbar einfach und damit kontrollierbar, ist in den meisten Fällen jedoch ziemlich ungenau. Kennt man die Situation nicht, versucht man irgendwelche Ähnlichkeiten zu assoziieren, um einen Anpack zu bekommen. Dies ist dann aber noch ungenauer. Wir können also festhalten, dass die individuelle Realitätskonstruktion hauptsächlich entlang der bisherigen Erfahrungen erfolgt. Um neue Gefahren zu verhüten, speichern wir Situationen mit einer negativen Emotion stärker oder andauernder als welche mit einer positiven. So ist die Wahrscheinlichkeit hoch, automatisch eine tendenziell negative Realitätskonstruktion zu treffen, sofern, und das ist zentral, dies unbewusst geschieht. Daraus lassen sich im Zusammenhang der Selbstfürsorge einige Maximen ableiten:

- Wir erschaffen uns unsere subjektive Realität ständig, entweder bewusst oder automatisch aufgrund früherer Erfahrungen.
- Es lohnt unbedingt, sich die eigene Realitätskonstruktion bewusst zu machen. Wie komme ich zu dieser Einschätzung? Ist es *wirklich* so, wie es zu sein scheint? Diese Frage ist häufiger geboten, als man gemeinhin denkt. Je vielschichtiger die Situation ist, desto größer sind die Möglichkeiten, verschiedene Realitäten in ein und denselben Umstand hineinzusehen. Gerade in Zeiten des Populismus und der damit einhergehenden Fake News scheint es geboten, innerlich wie äußerlich als unumstößliche Fakten dargebotene

Informationen in ihrem Wahrheits- bzw. Zuverlässigkeitsgrad zu hinterfragen.

- Wenn man mehrere Möglichkeiten hat, die Realität anzusehen, neigen die inneren „Gefahrenabwehrinstanzen“, unbewusst dazu, die negativere, die gefährlichere, die belastendere zu wählen, entweder aus einer Art Gewohnheit oder zum *vermeintlichen* Schutz, der aber kein wirklicher ist.
- Darum ist es hilfreich, gegebene Situationen, die sich negativ anfühlen, genauer zu untersuchen und bewusst nach positiveren Einordnungsmöglichkeiten zu suchen. Sie werden feststellen, „worauf man fokussiert, davon bekommt man mehr“, um es in einer geläufigen Achtsamkeitsmaxime auszudrücken.

Das Bewusstsein über die eigene Realitätskonstruktion halten wir für eine wesentliche Voraussetzung für Lebenszufriedenheit und Erfüllung im Allgemeinen. „Es“ ist tatsächlich oft nicht so, wie es scheint, wenn man genauer hinsieht. Aus den gegebenen Fakten die positivste mögliche Realität bewusst zu wählen, ist eine lebenslange Kunst, die jedoch wie kaum eine andere zu einem tiefen und andauernden Zufriedenheitsgefühl beitragen kann.

Zusammenfassung Umgang mit Emotionen

Wir sind alle Lerngenies. Als Kind finden wir exakt die Wege, die unter den gegebenen Möglichkeiten uns zu dem kommen lassen, was wir benötigen und das verhüten, so weit wie möglich, was uns schadet. Diese individuellen Wege werden mit der Zeit so etwas wie die Grundsäulen unserer Persönlichkeitsarchitektur. Später, im Erwachsenenalter, sind diese Wege oft nicht mehr hilfreich, sondern manchmal sogar hinderlich. Wenn wir dann, meistens in unseren 30ern, anfangen festzustellen, dass manche Zugänge, die wir zum Leben erworben haben, also genau die erwähnten Grundsäulen, nicht die besten Ergebnisse bringen, beginnt im besten Falle eine lange, spannende und aufregende Reise zu sich selbst.

Zusammenfassend möchten wir Sie ermuntern, liebevoll und verständnisvoll auf sich selbst und das eigene Gewordensein zu schauen. Sehen Sie hin, offen, mutig, neugierig und respektvoll gegenüber sich selbst. Jedes noch so merkwürdig scheinende Verhalten oder Gefühl hat seine Wurzel in einem legitimen Bedürfnis, hat seine eigene, in sich gültige Logik. Diese gilt es zu erkunden, nachzuvollziehen. Wir haben aufgrund der Gegebenheiten nur möglicherweise gelernt, es auf eine verschobene oder verfremdete Art und Weise zu befriedigen. Das liegt wiederum an unserer erstaunlichen Adaptivität, an der Fähigkeit, sich Gegebenheiten anzupassen. Wir müssen nur lernen zu verstehen, und das können wir nur, wenn wir uns frei von Wertung und Abwehr für unsere innere Landschaft öffnen.

Wenn wir nach innen schauen, werden wir möglicherweise Helden und Dämonen begegnen, feine, zarte, laute, freundliche und tödliche Gefühle entdecken. Nehmen Sie alles gleichermaßen an. Ein Gefühl nicht zuzulassen, weil wir Angst davor haben oder es nicht unserem Selbstbild entspricht, beseitigt es nicht, es verfestigt und maximiert es. Eine (vermeintliche) Kontrolle der Emotionen bringt nichts und schadet uns langfristig sehr, gesundheitlich und im Hinblick auf die Lebenszufriedenheit. Es geht aber genauso wenig darum, die eigenen Emotionen unmoduliert und unkontrolliert auszuleben. Handlungskontrolle statt Emotionskontrolle lautet die aus unserer Sicht hilfreiche Devise. Das bedeutet, Gefühle zulassen, wahrnehmen, und dann bewusst wählen, was man in welcher Form ausagieren möchte. Das kann und will jedoch gelernt sein.

Und last not least: Je mehr wir lernen, ohne Abwertung unser eigenes Gewordensein zu gewahren und zu akzeptieren, desto leichter gelingt uns dies auch bei anderen. Wir sind mit allem Leben um uns herum untrennbar verbunden, ein endloses Netzwerk im werdenden Strom des Seins. Bewertung bringt Trennung, Spannung, Konflikte. Verstehen verbindet. Man erblickt auch sich in den herausfordernden Seiten des anderen, sofern man den Mut hatte, diese Seiten an sich selbst zu gewahren. Bringt Sie ein Verhalten, ein Persönlichkeitszug eines anderen auf die Palme? Dann können Sie sich ziemlich sicher sein, dass dieser andere Ihnen damit etwas spiegelt, was Sie an sich (noch) nicht sehen wollen oder können. Damit wir uns wohlfühlen können und dauerhafte Lebenszufriedenheit erleben, dient es sehr, sich selbst und die anderen in liebevoller Annahme zu betrachten.

3 Selbstfürsorge – eine Choreografie für den Arbeitsalltag

Eine gute Selbstfürsorge auch in harten Zeiten und herausfordernden (Arbeits-)Kontexten zu etablieren und beizubehalten, ist nicht leicht. Oft wissen wir eigentlich, was uns gut tut – und gerade in schwierigen Zeiten, unter Stress denken wir meist nicht daran. Und es gibt nicht die *eine* Zaubertechnik. Es sind vielmehr hilfreiche Grundhaltungen und viele Momente im Tagesverlauf, an denen wir so oder anders reagieren können. Mit der „Selbstfürsorge-Choreografie" für den Arbeitsalltag wollen wir eine Reihe von „Stellschrauben" ins Bewusstsein rufen, mit denen wir beeinflussen können, wie wir in den Tag starten, gut durch die vielfältigen Anforderungen des Tages kommen und am Ende des Tages wieder landen.

Dieses Kapitel ist so aufgebaut, dass Sie eingeladen werden, sich bei jedem Punkt erst einmal ins Bewusstsein zu rufen, was Ihnen hilft und aufzuschreiben, womit Sie gute Erfahrungen gemacht haben. Vielleicht tun Sie bestimmte Dinge schon regelmäßig, wunderbar! Oder Sie erinnern sich daran, was früher einmal gut geholfen hat und können manches wieder in ihren Tagesablauf integrieren.

Im nächsten Schritt möchten wir Ihnen ergänzend einige Empfehlungen oder Techniken vorstellen, die wir selbst oder unsere Seminarteilnehmer_innen als hilfreich erleben. Lassen Sie sich davon inspirieren, probieren Sie die Dinge aus, die Sie ansprechen. Und wenn etwas gut funktioniert, behalten Sie es bei. Es gibt keine Standard-Rezepte, nichts ist „immer für alle" gut. Aber es finden sich für jeden Menschen Dinge, die zu seiner Persönlichkeit und seiner Lebenssituation passen. Entsprechend geht es auch nicht darum, sämtliche der vorgestellten Empfehlungen umzusetzen – dann käme man geradezu in einen „Selbstfürsorge-Stress" – sondern sich eben die passenden herauszusuchen. Vor allem geht es um *Bewusstheit* an den vielen Momenten des Tages, an denen wir Einfluss nehmen können, wie es uns geht.

3.1 Der Start in den Tag

Morgens legen wir die Grundlage, wie wir durch den Tag gehen. Wenn wir erwachen, sind wir noch weich und durchlässig, unseren (Alp-)Träumen, Gefühlen und dem Unterbewusstsein noch nah. Es macht einen großen Unterschied für den weiteren Verlauf des Tages, ob wir direkt in einen hektischen Strudel von Aktivitäten und Außenreizen stürzen oder ob wir uns zunächst gut in uns selbst verankern, vielleicht auch an „etwas Höheres anbinden" (für diejenigen, die damit etwas anfangen können), bevor wir der Welt und ihren Anforderungen begegnen.

Bevor wir Ihnen einige Empfehlungen für einen guten Start in den Tag geben, zunächst einmal die Einladung, selbst zu überlegen und aufzuschreiben:

Was hilft Ihnen, gut in den Tag zu starten?
Womit haben Sie gute Erfahrungen gemacht,
was praktizieren Sie vielleicht bereits?
Was wollten Sie immer schon mal ausprobieren?

Ihre Notizen:

Es gibt viele Möglichkeiten, den Tag bewusst zu beginnen, nicht gleich in den „To-do-Strudel" zu stürzen. Meist lohnt es sich, den Wecker etwas früher zu stellen und sich einen Moment Zeit für sich zu nehmen, bevor wir durchstarten, uns um Kinder kümmern, zur Arbeit fahren müssen.

Wir kennen viele Menschen, für die jede Minute Schlaf kostbar ist, und die sich nicht vorstellen können, auch nur auf eine Minute davon zu opfern. Oder die einfach „Nachteulen" und keine Morgenmenschen sind. Wenn das auf Sie zutrifft, passt es vielleicht besser, einige der folgenden Empfehlungen zum Ende anstatt zum Anfang des Tages durchführen. Wir kommen an der entsprechenden Stelle darauf zurück. Aber falls Ihr Morgen eine gewisse Flexibilität zulässt, gibt es hier einige Ideen, wie Sie ihn – je nach Typus – als gute Basis für den Tag nutzen können.

Morgenseiten

Im Aufwachen sind Gefühle, Traumfragmente, ur-eigene Eingebungen und Gedanken noch nah. Wenn wir unsere normalen Tätigkeiten aufnehmen, uns in die Welt begeben, verblassen und verschwinden diese schnell. Nehmen Sie sich direkt nach dem Aufwachen die Zeit, bevor Sie irgendetwas anderes tun (außer vielleicht eine Tasse Kaffee oder Tee zubereiten), ungefiltert niederzuschreiben, was in Ihnen ist. Am besten begeben Sie sich noch nicht in die Welt der Technik, schreiben Sie mit der Hand auf ein Blatt Papier oder in ein Tagebuch. Es geht nicht darum, etwas „literarisch Wertvolles" noch sonstwie Verwertbares zu produzieren, und die geschriebenen Seiten sind für niemand anderen als Sie selbst

bestimmt. Lassen Sie einfach fließen, was kommt, schreiben Sie ohne abzusetzen und nachzudenken, ungefähr drei Seiten, ca. zwanzig Minuten lang. Sie müssen das, was Sie niederschreiben, nicht noch einmal durchlesen. Es geht mehr um den Prozess des fließenden, ungefilterten Niederschreibens.

Diese Anregung entstammt dem Buch „Der Weg des Künstlers“ (Cameron 2000). Dort dienen die Morgenseiten dazu, kreative Blockaden aufzulösen, indem durch das regelmäßige ungefilterte Niederschreiben auch scheinbar banaler Gedanken der „innere Kritiker und Zensor“ umgangen bzw. die Kreativität blockierende Dominanz der rationalen, logischen Gehirnhälfte über die kreative, ganzheitliche Gehirnhälfte aufgehoben wird.

Aber nicht nur „Künstler_innen“ können von den Morgenseiten profitieren. Sie können klärend und zentrierend wirken, indem sie den inneren Prozessen Raum geben. Es kann sich ein „Dialog“ mit inneren Instanzen entwickeln, mit verschiedenen Persönlichkeitsanteilen oder einer „höheren Weisheit“ zum Beispiel. Auf innere Fragen können Antworten entstehen, die nicht dem Kopf, sondern mehr der Intuition entspringen. Wenn es Sie anspricht, probieren Sie es aus.

Meditation

Lassen Sie sich vom Begriff „Meditation“ nicht abschrecken. Man kann es so auffassen, dass alles, was Ihnen hilft, mit all Ihren Aspekten in den gegenwärtigen Moment zu kommen, ins Hier und Jetzt, und damit einhergehend auch in Kontakt zu Ihrem Kern, Meditation ist.

Es gibt viele Arten und noch mehr Techniken: Bewegungsmeditationen, Sitzmeditationen, Visualisierungen, Affirmationen und vieles mehr. Was wir an dieser Stelle vorstellen wollen, ist nicht eine ausgefeilte Technik, die Sie lange üben müssen und mit der Sie irgendwann zur Erleuchtung kommen sollen. Es geht darum, ganz und gar in den Moment und zu sich zu kommen, einfach wahrzunehmen, was bereits da ist und nichts zu tun. „Ungerichtete Aufmerksamkeit" heißt es im Buddhismus. Das bedeutet: wir sitzen, atmen und nehmen wahr. Das Wichtigste dabei ist: wir nehmen ohne Wertung wahr. Wir identifizieren uns nicht mit dem, was ins uns als Körpersensationen auftaucht, als Emotion, innere Bilder oder Gedanken. All dies darf sein, und es darf vorbeiziehen. Wenn Sie dies eine Weile tun, kommen Sie in einen Zustand von Präsenz. Das Bewusstsein gelangt immer mehr in den gegenwärtigen Augenblick.

Fernöstliche Traditionen beschreiben innere Freiheit als die vollkommene Präsenz im Augenblick. Warum? Weil das, was uns bindet, ablenkt, belastet, entweder Vergangenes oder Künftiges ist. In dem Moment, wenn Sie bei sich zuhause meditierend sitzen, ist alles in Ordnung. Es ist auch in Ordnung, dass Vergangenheit und Zukunft „vorbeischauen". Es geht darum, still und innerlich weit alles zuzulassen und nichts festzuhalten. Wenn Sie etwas mitreißen will, kehren Sie mit Ihrer Aufmerksamkeit einfach zu Ihrem Atem zurück. Einatmen, Ausatmen.

Manche Menschen haben den Eindruck, dass das bewegungslose Sitzen in der Meditation sie ganz nervös und unruhig macht. Das ist nachvollziehbar, denn bei der Meditation spüren wir, wie es in uns aussieht. Mit anderen Worten: Nicht die Meditation „macht" nervös, sondern dadurch, dass wir unsere Aufmerksamkeit nicht durch Aktivitäten und Außenreize ablenken, spüren wir z. B. die Anspannung und Nervosität, die bereits da ist. Falls das auf Sie zutrifft: Lassen Sie sich auch davon nicht abschrecken. Wenn Sie dabei bleiben, können Sie an einen inneren Ort der Ruhe hinter der Nervosität gelangen.

Wir schlagen eine ganz einfache Form der Meditation vor. Man könnte es auch „einfach sitzen und wahrnehmen" nennen. Nehmen Sie sich 15 bis 30 Minuten Zeit. Es hilft, wenn Sie sich vorher einen Timer stellen, dann müssen Sie sich während der Meditation keine Gedanken darüber machen, wieviel Zeit wohl schon vergangen ist.

Suchen Sie sich einen Platz, an dem Sie ungestört sind. Setzen Sie sich möglichst aufrecht hin. Für gelenkige Menschen kann das im Schneidersitz auf dem Boden oder auf einem Sitzkissen sein. Auf einem Stuhl zu sitzen und sich vielleicht auch mit geradem Rücken anzulehnen, ist genauso in Ordnung. Es geht lediglich darum, eine Zeitlang mit möglichst aufgerichteter Wirbelsäule sitzen zu können, ohne dass es unbequem wird oder Ihnen etwas weh tut.

Sie können die Augen schließen oder, falls das für Sie unangenehm ist, können Sie auch Ihren Blick vor sich auf den Boden richten. Vielleicht mögen Sie dort eine Kerze aufstellen.

Nehmen Sie zunächst die Geräusche in Ihrer Umgebung wahr. Sie müssen nichts dafür tun. Sie nehmen sie einfach wahr. Beobachten Sie, was Sie hören können. Sie sind das, was die Geräusche wahrnimmt.

Dann nehmen Sie Ihren Körper wahr. Spüren Sie in sich hinein. Spüren Sie, wie Ihr Körper die Sitzunterlage berührt. Wenn Sie mögen, spüren Sie nacheinander in die einzelnen Körperteile hinein, in Ihre Finger und Hände, in Ihre Arme, Schultern ... Sie können feststellen: Sie sind mehr als Ihr Körper. Sie sind das, was Ihren Körper wahrnimmt.

Spüren Sie, wie Ihr Körper sich beim Atmen bewegt. Wenn es Ihnen angenehm ist, können Sie sich auf Ihren Atem konzentrieren, wie Sie einatmen und ausatmen. Wenn Sie mögen, können Sie ihren Atem mit der Zeit tiefer und langsamer werden lassen, ohne sich anzustrengen. Sich auf den gleichmäßigen Rhythmus des Atems zu konzentrieren ist eine gute Möglichkeit, im gegenwärtigen Moment zu bleiben. Sie können immer wieder mit Ihrer Aufmerksamkeit zum Atem zurückkommen.

Nehmen Sie auch wahr, welche Gefühle in Ihnen sind. Beobachten Sie Ihre Gefühle. Sie können damit feststellen: Sie sind mehr als Ihre Gefühle. Sie sind das, was Ihre Gefühle wahrnimmt.

Es werden auch Gedanken auftauchen. Nehmen Sie auch diese einfach wahr. Halten Sie sie nicht fest und wehren Sie sie nicht ab. Die Gedanken tauchen auf und ziehen weiter, wie Wolken am Himmel. Sie sind der Himmel. Beobachten Sie sich bei den Gedanken. Sie können feststellen: Sie sind mehr als Ihre Gedanken. Sie sind das, was Ihre Gedanken wahrnimmt.

Sie sind das Bewusstsein, das all dies wahrnimmt und doch auf nichts davon beschränkt ist.

Und so sitzen Sie einfach, atmen und nehmen wahr. Vielleicht spüren Sie eine zunehmende innere Weite und Ruhe. Dieses Gefühl von Weite und Ruhe können Sie in sich verankern, bevor Sie beim Abschluss der Meditation langsam wieder mit Ihrer Aufmerksamkeit in die Welt zurückkommen.

Im Buddhismus nennt man diese innere, beobachtende Instanz, deren Ausbildung ein absolut zentrales Element darstellt, das „Buddha-Auge". Das Buddha-Auge beobachtet das, was ist, ohne Identifikation. Den „Inneren Beobachter", um es in westlichen Termini auszudrücken, zu etablieren und zu stärken kann sehr hilfreich sein im Umgang mit inneren Regungen, aber auch mit äu-

ßeren Krisen. Wenn man in der Präsenz verweilt und sich weder von den Wolken sorgenvoller Gedanken, noch von den Anbrandungen emotionaler Wellen oder den äußeren Ereignissen mitreißen lässt, ruht man buchstäblich in sich selbst. Diesen Zustand über die Meditation selbst in sich zu etablieren und im besten Falle nahezu immer zugänglich zu haben, ist hierbei das Ziel.

Hängen Sie es jedoch nicht zu hoch. Setzen Sie sich, wenn Sie mögen, einfach hin, atmen und schauen, was passiert. Und wenn Sie morgens nicht die Zeit oder Ruhe haben, zu meditieren, können Sie es auch abends tun, um zur Ruhe und wieder zu sich zu kommen.

Und falls Sie beim Ausprobieren feststellen, dass diese Form der Meditation nichts für Sie ist, machen Sie sich deswegen keinen Stress. Wenn Sie das „einfach sitzen und wahrnehmen" eher als quälend empfinden, gefallen Ihnen möglicherweise Meditationsformen besser, bei denen Sie in Bewegung bleiben, wie Gehmeditation oder auch Yoga. Wenn Sie mögen, experimentieren Sie mit verschiedenen Formen, bis Sie etwas finden, was Ihnen gut tut.

Wohltuende Bewegung

Wenn Sie eine vorrangig sitzende Tätigkeit ausüben, z. B. Beratungsgespräche führen und am Computer arbeiten, wenn Sie dann möglicherweise auch noch sitzend mit der Bahn oder dem Auto zu Ihrer Arbeitsstelle gelangen, kann es sein, dass sich Ihr Körper reichlich vernachlässigt und entsprechend verspannt anfühlt. Vielleicht tut es Ihnen gut, morgens für wohltuende Bewegung zu sorgen, bevor Sie in den Arbeitstag starten. Mit einfachen Yoga- oder Chi Gong-Übungen kommen Sie gut in den Körper, haben ihn einmal gedehnt und gestreckt, den Kreislauf und die Durchblutung sanft angeregt … Im Internet finden sich viele zehn- bis zwanzigminütige Kurse, die sich eignen, um damit entspannt in den Tag zu starten. Es können aber auch die fünf Tibeter sein, die gute, alte Gymnastik oder was Ihnen persönlich entspricht.

Natur

Vielen Menschen tut es gut, sich mit der Natur, mit dem Lebendigen zu verbinden. Das ist eine wundervolle Form, in den Tag zu starten. Wenn Sie die Möglichkeit haben, vor der Arbeit eine Zeitlang in die Natur zu gehen, nutzen Sie sie. Vielleicht können Sie eine Runde durch den Garten gehen, Pflanzen betrachten, vielleicht beim Gießen. Oder sie machen einen kleinen Spaziergang – vielleicht müssen Sie eh mit dem Hund raus. Wenn Sie viel Energie haben, möchten Sie vielleicht eine Runde joggen. In jedem Fall geht es darum, die Natur bewusst wahrzunehmen, sich mit ihr zu verbinden, zu atmen, die Luft zu spüren und zu riechen, die Pflanzen und den Himmel zu sehen, Vögel, Insekten oder andere Tiere zu sehen und zu hören, sich mit Luft und Leben zu füllen … Hierzu eine kleine Empfehlung: suchen Sie sich auf einer Wiese ein ca. 20 x 20 cm Quadrat aus und betrachten Sie, was Sie dort finden, welche unvorstellbare Vielfalt im Kleinen der Natur vorhanden ist. Beobachten Sie nur, analysieren Sie nicht, bewerten Sie möglichst nicht. Einfach nur gewahren.

Sich Zeit nehmen

Unsere Seminarteilnehmer_innen berichten oft, dass es ihnen gut tut, mit Zeit in den Tag zu starten und zunächst

- in Ruhe zu frühstücken
- mit einer Tasse Tee oder Kaffee in Ruhe die Zeitung zu lesen
- zu beten
- sich eine den Anforderungen des Tages entsprechende Kleidung herauszusuchen und einen nicht kritischen, sondern *liebevollen* Blick in den Spiegel zu werfen.

Den Weg zur Arbeit bewusst nutzen

Probieren Sie aus, ob es einen Unterschied macht, wie Sie den Weg zur Arbeit gestalten. Die Strecke können Sie tatsächlich als „Übergang“ zwischen Ihren verschiedenen Lebenswelten (privat und beruflich) nutzen. Sie können sie nutzen, um sich noch einmal ganz im Moment, in der Gegenwart zu verankern, bevor die Anforderungen Ihrer Arbeitsstelle auf Sie einprasseln. Jede Handlung kann eine „Achtsamkeitsübung“ sein – warum nicht auch – oder erst recht – der Weg zur Arbeit?

„Achtsamkeitsübung“ bedeutet, mit aller Aufmerksamkeit bewusst im gegenwärtigen Moment zu sein. Anstatt die Strecke auf „Autopilot“ hinter sich zu bringen und mit den Gedanken, also der Aufmerksamkeit in der Vergangenheit oder Zukunft zu sein (z. B. was Sie gleich alles zu erledigen haben), können Sie mit allen Sinnen wahrnehmen, was gerade da ist, Ihre Umgebung, Ihren Körper spüren, Ihre Gefühle wahrnehmen …

Das geht besonders gut, wenn man mit dem Rad oder zu Fuß zur Arbeit gelangen kann. Falls das zu weit ist, können Sie eventuell eine oder zwei Haltestellen vorher aussteigen und das letzte Stück laufen. Sich aus eigener Kraft an der frischen Luft zu bewegen und wenn es dann auch noch gelingt, in Ruhe zu gehen anstatt zu hetzen, hilft ungemein, im Moment zu sein, den Körper zu spüren, bewusst wahrzunehmen, was alles da ist. Und da können sich ganze Welten eröffnen, an denen wir ansonsten achtlos vorbei gelaufen sind – Menschen, Gebäude, Kunst im öffentlichen Raum, Natur … So sind z. B. in der Düsseldorfer Innenstadt ganze Schwärme grüner Papageien unterwegs und Kaninchenfamilien in den Grünanlagen …

Falls es notwendig ist, das Auto zu benutzen, um zur Arbeit zu gelangen, können wir trotzdem die Fahrt bewusst gestalten. Anstatt uns automatisiert vom Radio beschallen zu lassen, können wir Stille oder Lieblingsmusik wählen, oder vielleicht ein inspirierendes Hörbuch. Vielleicht ist es möglich, ein bisschen entfernter zu parken und das letzte Stück zu gehen (s. o.).

3.2 Der Start in die Arbeit

Vielleicht kennen Sie das: kaum, dass Sie durch die Tür gekommen sind, hat die Kolleg_in schon ein dringendes Problem, es sitzen schon Klient_innen im Wartebereich, das Telefon klingelt, nach kurzer Zeit schwirrt Ihnen der Kopf …

Wie sieht für Sie ein guter Arbeitsbeginn aus?
Was hilft Ihnen, um klar und fokussiert in den Arbeitstag zu starten?
Was funktioniert gut bei Ihnen?

Ihre Notizen:

Auch hier geht es wieder um Bewusstheit. Anstatt uns von den vielfältigen Anforderungen und Begegnungen überrollen zu lassen und immer mehr aus der Balance zu geraten, ist es sinnvoll, sich zunächst zu sammeln, Prioritäten zu klären. Wenn wir gut zentriert in die Arbeit starten, ist es leichter, im Tagesverlauf immer wieder zu uns zurück zu kommen.

Erst mal landen ...

Vielen Menschen tut es gut, sich einen Moment Zeit zu nehmen, um bewusst zu „landen“ bevor sie mit der Arbeit loslegen. Vielleicht möchten Sie dafür eine Runde durch die Dienststelle machen und die Kolleg_innen begrüßen, vielleicht erst einmal Kaffee oder Tee kochen … Gibt es etwas, was zu Ihnen und Ihrer Arbeitsstelle passt?

Rituale zum Beginn (und Abschluss) der Arbeit

Bei diesen „Ritualen“ geht es nicht um Magie. Rituale sind wiederkehrende Handlungen, die mit Bedeutung aufgeladen werden. Indem wir im Außen bestimmte Handlungen vollziehen, rufen wir einen inneren, damit assoziierten Zustand hervor. Wir können auch unsere eigenen Rituale entwickeln, d. h. wir treffen sozusagen Vereinbarungen mit dem eigenen Unterbewusstsein. An dieser Stelle geht es darum, ein Ritual zu finden, mit dem wir uns in den Zustand des „Arbeitslebens“ begeben, um ihn später wieder ablegen und in den Zustand des „Feierabends“ oder der Privatheit eintreten zu können.

Berufe, in denen Dienstkleidung getragen wird, praktizieren dies gewissermaßen: die Ärztin oder der Krankenpfleger legen ihren weißen Kittel und gleichzeitig auch ihre berufliche Rolle an: „Jetzt bin ich im Dienst.“ Falls Sie an Ihrer Arbeitsstelle Dienstkleidung tragen, versuchen Sie, mit der Kleidung bewusst, ihre „professionelle Persönlichkeit“ beim Arbeitsantritt anzulegen und vor allem, diese bewusst beim Abschluss wieder abzulegen. Es geht darum, dem eigenen Unterbewusstsein mit dieser ritualisierten Handlung das Signal zu geben: „Ich kann die Themen des Berufs loslassen, ablegen und erst beim nächsten Dienst wieder aufnehmen. Jetzt kann ich mich entspannen.“ Das kann sehr hilfreich sein, um Abstand zu gewinnen, berufliche Themen nicht mit nach Hause zu nehmen.

In den meisten Sozialen Berufen wird keine Dienstkleidung getragen. Aber vielleicht können Sie Ihre eigenen Symbolisierungen für Ihre berufliche Rolle finden, die Sie an- und vor allem wieder ablegen können: eine Uhr, ein bestimmtes Kleidungsstück oder Schuhe, ein Schmuckstück etc. Vielleicht gibt es andere Formen, um den Beginn und den Abschluss des Arbeitstages oder einer Arbeitshandlung auch „rituell" zu demonstrieren, z. B. vor dem Klient_innengespräch einen schönen Duft im Beratungszimmer versprühen und eine Kerze anzünden, nach dem Gespräch die Kerze löschen und für einen Moment das Fenster öffnen … Gibt es etwas, das zu Ihnen und Ihrer Arbeitssituation passen würde?

Symbolisierungen von Ressourcen

Ebenso hilfreich kann es sein, Symbolisierungen zu finden, die uns an unsere Kraftquellen erinnern, die uns durch den Arbeitstag begleiten und uns helfen, uns immer wieder in einen ressourcenvollen Zustand zu begeben und uns darin zu verankern. In gewisser Weise haben das klassische Familienfoto auf dem Schreibtisch oder das Bild vom schönen Urlaubort an der Wand diese Funktion. Ein spezieller Stein oder ein besonderer Kristall in der Hosentasche können ein buchstäblich greifbares Symbol für eigene innere oder äußere Kraftquellen (z. B. „Klarheit und Gelassenheit" oder ein spiritueller Zugang) sein. Ressourcen, mit denen wir uns verbinden können und die uns helfen, herausfordernde Arbeitssituationen und -tage durchzustehen können eigene Persönlichkeitsanteile, Haltungen und Fähigkeiten sein (z. B. Ausdauer, Mut …) oder auch das Wissen um funktionierende Unterstützung im Außen („wenn es hart auf hart kommt, kann ich mich an … wenden"). Als Symbole eignet sich alles, was Sie an diese Qualität erinnern und diese gut repräsentieren kann: ein Schmuckstück, ein bestimmter Duft, ein Musikstück auf dem Handy, dass Sie sich bei Bedarf anhören können – der Phantasie sind hier keine Grenzen gesetzt.

Wenn Sie diese Idee der Erinnerung an und Verankerung von Ressourcen durch Symbole anspricht, können Sie sich folgende Fragen stellen: Was ist für mich (aktuell) eine besondere Kraftquelle, die mich in meinem (Arbeits-)Alltag unterstützen kann? Was kann diese Ressource gut symbolisieren? Schauen Sie sich um, vielleicht entdecken Sie um sich herum oder in der Natur bereits ein entsprechendes Symbol. Oder es entsteht ein inneres Bild und Sie haben eine Idee, was Sie kaufen oder selbst herstellen können.

Was Sie gerade besonders brauchen und nutzen können, kann sich mit der Zeit ändern. Manche Qualitäten und entsprechend deren Symbolisierungen können überdauernd sein (z. B. eine Kette mit einem religiösen Symbol für einen Menschen, der seine Kraft aus dem Glauben schöpft), andere sind in bestimmten Lebensphasen besonders wichtig und werden dann integriert, sprich, sie verlieren ihre Bedeutung im Außen, weil man möglicherweise die Qualität, die man damit verband, internalisiert hat.

Sich sammeln und priorisieren: realistische To-do-Listen

Oft ist es hilfreich, sich zu Arbeitsbeginn erst einmal einen Überblick zu verschaffen, was an dem Tag ansteht. Damit uns nicht alle möglichen Dinge im Kopf herumschwirren, die wir nicht vergessen dürfen, die uns so ein mulmiges Gefühl bereiten und Energie kosten, bietet es sich an, diese zu „externalisieren“, sie nicht im Kopf, sondern ganz banal auf To-do-Listen (Erledigungslisten) festzuhalten. Das nennen wir „zuverlässige Helfer installieren“. Da gibt es verschiedene Methoden, vielleicht haben Sie schon Ihre eigene entwickelt. Hilfreich finden wir, mit zwei Listen zu arbeiten: eine Tagesliste und eine grundsätzliche, längerfristige „Meta-to-do-Liste“. Auf die Meta-Liste gehört alles, was Sie grundsätzlich tun müssen bzw. nicht vergessen sollten, längerfristige Aufgaben. Auf die Tagesliste kommen nur die (wenigen) Dinge, die wir realistisch (!) an diesem Tag erledigen können und wollen. Wenn alles zusammen auf einer langen Liste steht, werden wir mit hoher Wahrscheinlichkeit jeden Arbeitstag mit dem unbefriedigenden Gefühl beschließen, viel zu wenig geschafft zu haben.

Wenn Sie mögen, werfen Sie morgens als erstes einen Blick auf die Meta-Liste, entscheiden, was davon heute (realistisch) dran ist, schreiben sich die Punkte auf eine Extra-Liste. Immer, wenn Sie dann im Tagesverlauf eine Aufgabe erledigt haben, können Sie diese abhaken, durchstreichen, löschen (was immer für Sie passt). Oder Sie schauen am Ende des Tages noch einmal auf die Liste, ob Sie alles geschafft haben, was Sie tun wollten oder was für den nächsten Tag offen geblieben ist.

Zu Erledigendes, das Ihnen im Laufe des Tages noch auf- oder einfällt, und das Sie nicht gleich umsetzen können, kommt auf die Meta-Liste. Es bietet sich an, die Meta-Liste zum Abschluss einer Arbeitswoche zu aktualisieren und alles, was offen geblieben ist, auf eine „frische“ Liste für die nächste Woche zu übertragen.

3.3 Grundsätzliches und Strukturelles

Zunächst einmal möchten wir ein paar grundlegende Fragen an Sie stellen.

Vergegenwärtigen Sie sich für einen Moment Ihre Arbeit, die Arbeitsstelle, den Arbeitgeber, Ihr spezielles Gebiet.
Bejahen Sie Ihre Aufgabe?
Empfinden Sie sie als sinnvoll, als effektiv?
Erfüllt Sie die Arbeit?
Erleben Sie regelmäßig Erfolge, welcher Art auch immer?

Ihre Notizen:

Dies sind Fragen, die für Ihre Arbeitszufriedenheit von basaler Bedeutung sind. Das ist sozusagen der Boden, auf dem der Rest aufbauen kann, sofern dieser Boden stabil genug ist.

Eine weitere wichtige Frage, die mit zu diesem Boden gehört, ist: Ist Ihre Aufgabe, Ihr Job von der Auslastung her strukturell schaffbar? Wenn Sie von der zeitlichen und inhaltlichen Auslastung her zwischen 80 und 120 % pendeln mit dem Durchschnitt um die 100 %: dieser Schwankungsbereich ist tendenziell unvermeidbar. In der Dynamik Sozialer Berufe kann es immer wieder Situationen geben, die unseren Einsatz erfordern, auch wenn es möglicherweise anders geplant war. Eine akute suizidale Krise einer Klientin, die wir in die Klinik begleiten müssen oder ein Projektantrag, der zu einem Stichtag fertig gestellt werden muss, haben im Zweifelsfall Vorrang vor dem pünktlichen Feierabend. Durch das notwendige Einspringen für eine erkrankte Kollegin übernehmen wir weitere Aufgaben, zusätzlich zu unseren eigentlichen. In solchen Situationen müssen wir also mehr bewältigen als in unserer regulären Arbeitszeit zu schaffen ist. Wenn sich dieser Mehreinsatz wieder ausgleicht, wenn Sie für die Überstunden zeitnah frei nehmen, die zusätzlichen Aufgaben rasch wieder abgeben können, wenn nach einer stressigen Woche eine ruhige folgt, können wir solche zusätzlichen Anstrengungen bewältigen. Wenn aber der „Krisenfall" zum „Normalfall" wird, wenn Sie sich über längere Zeit im Durchschnitt deutlich über 100 % Auslastung bewegen, ist das auf Dauer psychisch und körperlich nicht bewältigbar. Das liegt daran, dass Sie dann zwangsläufig ständig „hinterherhinken" mit der Erledigung Ihrer Aufgaben. Unterschätzen Sie nicht die Bedeutung erledigter Aufgaben, eines geklärten Schreibtisches. Das dauerhafte Gefühl von „es ist egal, wie lange ich arbeiten würde, ich würde die Aufgaben eh nie ganz schaffen" führt entweder in die geschilderte Burnout-Dynamik oder in die Resignation.

Uns ist wichtig, dies voraus zu schicken. Wir können viel erreichen, wenn wir Selbstfürsorge-Strategien entwickeln, unsere innere Haltung verändern. Aber die innere Haltung ist nicht alles! Auf keinen Fall sollen diese Empfehlungen der „Selbstoptimierung" dienen, dem Versuch, in eigentlich untragbaren Verhältnissen weiter zu funktionieren. Wenn die äußeren Bedingungen schädigend und nicht veränderbar sind, kann es der beste Selbstschutz sein, die Stelle zu wechseln.

Wenn Sie den Eindruck haben, dass die Grundlagen weitgehend in Ordnung sind, dann lohnt es, an den Details zu arbeiten.

Es mag eine Berufung sein, aber es ist auch ein Beruf!

In Sozialen Berufen arbeiten wir in einem ständigen Spannungsverhältnis von „professioneller Nähe" und „professioneller Distanz". Das gilt nicht nur für unsere unmittelbaren Klient_innenbeziehungen, sondern ebenso für unsere Beziehung zu unserer Aufgabe, unserer Arbeitsstelle, unserem Beruf selbst.

In Sozialen Berufen üben wir „professionelle Beziehungsarbeit" aus. Das bedeutet, dass wir im Kontakt mit Klient_innen zwangsläufig emotional beteiligt, berührbar, authentisch interessiert sind und sein müssen, eine echte – wenn auch professionelle – Beziehung aufbauen. Und diese emotionale Beteiligung ist notwendig, damit die Beziehungsarbeit gelingen kann. *„Ein kalkulierter, innerlich distanzierter Zugang des Profis wird vom Kunden oder Betroffenen sehr schnell erkannt. Physische Anwesenheit bei fehlender psychischer Beteiligung lässt die Beziehungsszene zusammenbrechen"* (Wedekind/Georgi 2017, S 34).

Gleichzeitig gilt für Fachkräfte Sozialer Berufe das gleiche wie für alle Menschen, die in einem lohnabhängigen Arbeitsverhältnis stehen: sie müssen ihre Arbeitskraft verkaufen, um ihren Lebensunterhalt zu bestreiten. Das bedeutet, dass sie darauf achten müssen, ihre Arbeitskraft nicht nur zu möglichst guten Konditionen (Arbeitszeiten und -bedingungen, Entlohnung …) zu veräußern, sondern sie verantwortlich und pfleglich zu behandeln, damit sie lange, also mindestens bis zur Rente, erhalten bleibt. Wer seine Arbeitskraft übermäßig verschleißt, gefährdet auf Dauer seine Arbeitsfähigkeit und untergräbt die Grundlagen des eigenen Lebensunterhalts. Es ist also auch in Sozialen Berufen notwendig, für die eigenen Interessen als Arbeitnehmer_innen einzustehen, (Arbeits-)Rechte einzufordern, Grenzen zu setzen.

Diese Anforderungen stehen per se in einem widersprüchlichen Spannungsverhältnis, das sich nicht einfach in Richtung eines Pols auflösen lässt. Im Sinne der Beziehungsarbeit sind eine emotionale Beteiligung und Engagement sinnvoll und quasi unvermeidlich. Im Extremfall führen sie allerdings zu mangelnder Abgrenzung, Überidentifikation mit der „helfenden Tätigkeit" und Selbstvernachlässigung, die auf Dauer krank macht oder ins Burnout treibt. *„Die Kunden oder auch die Betroffenen kommen hier indirekt in die Rolle von existentiellen Sinnstiftern für den sich verausgabenden Beziehungsarbeiter, eine Hypothek, mit der sie überfordert sind. Für beide Seiten eher eine Sackgasse als eine nützliche Dienstleistung. Der Gegenpol wird durch eine Art ‚Job-Mentalität' gebildet. Innere Distanz zu den Klienten und vorrangige Konzentration auf die eigenen formalen Arbeitsbedingungen führen zu einer tendenziellen ‚Gleichgültigkeit' gegenüber den besonderen Arbeitsinhalten"* (a.a.O., S. 35). Einen Sozialen Beruf mit emotionaler Distanziertheit und dem Gefühl, „es ist ‚nur' ein Job" auszuüben, führt letztlich zu einem „Sinnverlust in der Arbeit", der auch durch aufwändige Hobbies in der Freizeit kaum zu kompensieren ist. *„Unserer Erfahrung nach ist eine solche Haltung meist die Reaktionsbildung auf eine Arbeitssituation, in der eine sinnmachende, befriedigende Beziehungsarbeit mehr oder weniger durch die Rahmenbedingungen erschwert bis verunmöglicht wird,* *und nicht das ursprüngliche Anliegen. Beziehungsarbeiter leiden, folgt man den einschlägigen Untersuchungen, denn auch an dem Verlust an Plausibilität in ihrer Arbeit, eine Unzufriedenheit, die bis hin zu dem vielfach beschriebenen Effekt des innerlichen Ausbrennens, des ‚burn-out-Syndroms' führen kann"* (a.a.O., S. 35).

Es kommt noch eine dritte Ebene hinzu: Auch wenn wir professionelle „Beziehungsarbeiter_innen" sind, haben wir ebenso menschliche Bedürfnisse und private Beziehungen, in denen wir nicht „der Profi" sind, sondern existenzielle Eigeninteressen haben. Die privaten Beziehungen sind eine Ressource, gleichzeitig sind wir *„durch Konflikte, Verluste und Trennungen verletzbar wie jeder andere auch"* (a.a.O., S. 36). Unsere privaten Beziehungen brauchen Raum und Aufmerksamkeit, eine eigene Bedürftigkeit kann keinesfalls im beruflichen Kontext ausgelebt werden.

Fazit: Beziehungsarbeit als Beruf erfordert eine Bewusstheit über dieses Spannungsfeld und ein ständiges Ausbalancieren der verschiedenen Ebenen, damit keine Schieflage entsteht. In unserem Umfeld, in Supervisionen und Seminaren erleben wir nicht selten eine Dysbalance in Richtung Selbstaufopferung. Deshalb hier noch einmal die Erinnerung: Eine Tätigkeit im sozialen Bereich ist meistens hoch sinnvoll und oft eine Berufung – und es ist auch ein Beruf! Entsprechend gilt: Es hilft niemandem, wenn Sie sich völlig verausgaben. Schonen Sie Ihre Arbeitskraft, damit sie Sie gut durch ihr Berufsleben bringt!

Never walk alone – Interessensvertretung!

Die Einhaltung von Arbeitsrechten und tariflicher Regelungen einzufordern, ist eine angemessene Form von Selbstfürsorge und Schutz vor eigenen Belastungen. Und das ist keine individuelle Aufgabe. Alleine lassen sich strukturelle Bedingungen schwerlich verändern, Forderungen kaum durchsetzen. Es braucht eine gemeinsame Interessensvertretung. Vernetzen Sie sich im Kolleg_innenkreis, suchen Sie Mitstreiter_innen für Ihre Anliegen.

Sie können sich bei strukturell bedingten Missständen an den Betriebsrat oder die Mitarbeiter_innenvertretung wenden. Dort können Sie zu Ihren Rechten beraten werden und im Konfliktfall Unterstützung erhalten. Oder besser noch, engagieren Sie sich selbst in den entsprechenden Zusammenschlüssen, wenn Ihnen eine solche Aufgabe liegt.

Es gibt an Ihrer Arbeitsstelle keinen Betriebsrat, aber durchaus Bedarf an Interessensvertretung? Dann sollten Sie überlegen, einen zu gründen. Ein Betriebsrat setzt sich seiner Aufgabe nach für die Interessen und Rechte der Arbeitnehmer_innen eines Betriebes ein und wird von diesen in geheimer demokratischer Wahl bestimmt. Der Betriebsrat hat Mitbestimmungs- und Beteiligungsrechte z. B. bei Einstellungen und Kündigungen, der Regelung von Arbeitszeiten und Urlaubsplänen oder der Einführung neuer Technologien. Betriebsratsmitglieder genießen einen besonderen Kündigungsschutz und haben in größeren Betrieben (ab 200 Mitarbeiter_innen) Anspruch auf Arbeitsfreistellung bei voller Lohnfortzahlung.

Auch wenn viele Arbeitgeber_innen von der Gründung eines Betriebsrats nicht erfreut sind und teilweise versuchen, diese rechtswidrig zu be- oder verhindern: Sie haben das Recht, einen Betriebsrat zu gründen, wenn einige Grundvoraussetzungen erfüllt sind. Dazu müssen in einem Betrieb / einer Einrichtung mit mindestens fünf volljährige, ständige Mitarbeiter_innen angestellt sein, von denen mindestens drei zum Betriebsrat wählbar sind. „Ständige" Mitarbeiter_innen können auch Kolleg_innen mit befristeten Arbeitsverträgen sein, ebenso Beschäftigte im Home-Office oder volljährige Auszubildende, aber keine leitenden Angestellten oder Honorarkräfte. „Wählbar" sind alle wahlberechtigten Mitarbeiter_innen, die seit mindestens sechs Monaten angestellt sind (es sei denn, der Betrieb selbst existiert erst seit einer kürzeren Zeit) und die ihr öffentliches Wahlrecht nicht wegen spezieller Straftaten verloren haben (was in Sozialen Berufen wahrscheinlich eher selten der Fall ist).

Die Größe des Betriebsrats hängt von der Betriebsgröße ab. In einer kleinen Einrichtung mit fünf bis zwanzig wahlberechtigten Mitarbeiter_innen besteht der Betriebsrat aus einer Person, bei 21 bis 50 Wahlberechtigten aus dreien, bei 50 – 100 aus fünf. Ab 101 Mitarbeiter_innen sind es sieben und für die Bestimmung der Betriebsratsgröße hängt dann nicht mehr von der „Wahlberechtigung" ab, lediglich die Zahl der Arbeitnehmer_innen zählt. Gestaffelt in Schritten von 200, 300 und 500 Mitarbeiter_innen erhöht sich die Zahl der Betriebsratsmitglieder entsprechend immer weiter.

Ab 21 Wahlberechtigten – also drei Betriebsratsmitgliedern – muss der Betriebsrat geschlechtergerecht zusammengesetzt sein. Das jeweils unterrepräsentierte Geschlecht – in Sozialen Berufen in der Regel das männliche – soll anteilig im Betriebsrat im gleichen Verhältnis wie in der Einrichtung vertreten sein (also, wenn ein Drittel der Beschäftigten Männer sind, muss eines der drei Betriebsratsmitglieder männlich sein. Andersherum gilt das natürlich ebenso).

Die gesetzlichen Regelungen zu Betriebsräten stehen im Betriebsverfassungsgesetz (BetrVG). Religionsgemeinschaften und ihre Einrichtungen unterliegen in Deutschland aufgrund des „kirchlichen Selbstbestimmungsrechts", das im Grundgesetz verankert ist, nicht dem Betriebsverfassungsgesetz.

Wenn Sie bei einem kirchlichen Träger beschäftigt sind, sind Mitarbeiter_innenvertretungen (MAV), analog zu Betriebsräten, betriebliche Interessensvertretungen nach kirchlichem Arbeitsrecht.

Falls die Gründung eines Betriebsrates oder einer Mitarbeiter_innenvertretung für Sie eine Option ist, um sich für die Rechte der Beschäftigten Ihrer Einrichtung (und somit für Selbstfürsorge und Schutz vor eigenen Belastungen) einzusetzen, erkundigen Sie sich nach den genauen Regelungen zu Gründung und Wahl und dem weiteren Vorgehen. Auch Gewerkschaften werden Sie sicherlich gerne dazu beraten.

Überhaupt: Gewerkschaften! Die gewerkschaftliche Organisierung im sozialen Bereich ist frappierend niedrig. Unabhängig von der Trägerschaft der Einrichtung, in der Sie beschäftigt sind, haben gesamtgesellschaftliche politische Entwicklungen Auswirkungen auf Ihren ganz konkreten Arbeitsalltag.

> „Die Soziale Arbeit erfüllt nicht nur zentrale und wichtige gesellschaftliche Aufgaben, sie stellt darüber hinaus auch eines der größten Arbeitsfelder dar. Auch in den letzten Jahren sind dabei die Beschäftigungszahlen noch weiter gestiegen. Gleichzeitig ist jedoch zu verzeichnen, dass die Soziale Arbeit insgesamt immer stärker unter Legitimations- und Finanzierungsdruck gerät. Dies führt in der Praxis der Sozialen Arbeit zu einer Zuspitzung der Beschäftigungsbedingungen. Besonders deutlich dokumentiert sich dies in dem merklichen Anstieg psychischer Überlastungserscheinungen bei den Fachkräften in diesem Bereich (GEW 2013)."

Arbeitsschutz und Arbeitsrechte, verbesserte Arbeitsbedingungen und Bezahlung ergeben sich selten aus der eigenen Einsicht von Arbeitgeber_innen, sondern sind in der Regel gewerkschaftlich erkämpft worden. Gewerkschaften intervenieren sowohl auf betrieblicher als auch auf politischer Ebene, machen Bildungsarbeit usw. Ob Ihnen nun die Vereinigte Dienstleistungsgewerkschaft (Ver.di), die Gewerkschaft Erziehung und Wissenschaft (GEW), der Deutsche Berufsverband für Soziale Arbeit (DBSV) e.V. oder andere zusagen: erkundigen Sie sich, welche Gewerkschaft für Ihren Bereich besonders aktiv ist, mit welchen Positionen Sie übereinstimmen. Nur gemeinsam und solidarisch lassen sich Forderungen durchsetzen.

Arbeitsrechte einfordern – z. B. Pausen und Bildungsurlaub

Gerade in Sozialen Berufen, in denen wir uns für die Rechte anderer Menschen einsetzen, neigen wir oft dazu, unsere eigenen zu vernachlässigen. Beispielhaft seien im Folgenden Pausenzeiten und Bildungsurlaub benannt.

Pausen. Nehmen Sie die Pausen, die Ihnen zustehen? Im Arbeitszeitgesetz heißt es in § 4: „*Die Arbeit ist durch im Voraus feststehende Ruhepausen von mindestens 30 Minuten bei einer Arbeitszeit von mehr als sechs bis zu neun Stunden und 45 Minuten bei einer Arbeitszeit von mehr als neun Stunden insgesamt zu unterbrechen. Die Ruhepausen (...) können in Zeitabschnitte von jeweils mindestens 15 Minuten aufgeteilt werden. Länger als sechs Stunden hintereinander dürfen Arbeitnehmer nicht ohne Ruhepause beschäftigt werden.*“ Wenn bei Ihrer Arbeitsstelle keine besonderen Regelungen zur Erfassung der Arbeits- und Pausenzeiten bestehen, werden diese Pausen in der Regel automatisch von der bezahlten Arbeitszeit abgezogen (d. h., wenn Sie z. B. von 9.00 – 18.00 Uhr auf der Arbeitsstelle waren, werden 8,5 Stunden Arbeitszeit angerechnet), mit anderen Worten: wenn Sie Ihre Pause nicht nehmen, schenken Sie Ihrem Arbeitgeber unbezahlte Arbeitszeit. Arbeitsrechtlich bedeutet eine Pause, dass Sie in dieser Zeit tatsächlich von sämtlichen Arbeitsverpflichtungen freigestellt sind und nicht z. B. rasch ein Brot vor dem Computer verdrücken, während jederzeit ein_e Kolleg_in mit einer dringenden Frage oder ein_e Klient_in hereinplatzen könnte. Das ist, wie Sie sich selbst denken können, keine erholsame Pause. Mehr dazu weiter unten im Kapitel 3.6.

Bildungsurlaub. Haben Sie schon Bildungsurlaub gemacht? Wissen Sie, dass Sie das Recht dazu haben? Schon 1974 hat sich die Bundesrepublik völkerrechtlich dazu verpflichtet, einen bezahlten Bildungsurlaub zum Zwecke der Berufsbildung, der allgemeinen und politischen sowie der gewerkschaftlichen Bildung einzuführen (ILO Übereinkommen 140 über den bezahlten Bildungsurlaub). Außer in Bayern und Sachsen gibt es in allen Bundesländern entsprechende Gesetze, die den Anspruch auf Bildungsurlaub regeln. Bei einer regulären 5-Tage-Woche stehen Ihnen fünf Tage Bildungsurlaub im Jahr zu, im

Saarland sind es drei. In vielen Bundesländern kann der nicht ausgeschöpfte Anspruch eines Jahres auf das nächste Jahr übertragen werden und ein entsprechend längerer Bildungsurlaub ist dann möglich. Und im Sinne der Selbstfürsorge: es gibt auch Angebote zu Stressbewältigung, Achtsamkeit, Yoga etc. Erkundigen Sie sich, wie die Bedingungen in Ihrem Bundesland sind und welche Angebote Ihnen zur Verfügung stehen.

3.4 Selbstschutz in der Begegnung mit Klient_innen

Gerade, wenn wir mit belasteten oder traumatisierten Menschen in prekären Lebenssituationen arbeiten, müssen wir Strategien finden, um uns vor Mitgefühlsstress und Sekundärtraumatisierungen zu schützen.

Wie sieht es damit bei Ihnen aus?
Wie schützen Sie sich vor Überlastungen und Überforderungen im direkten Kontakt mit Klient_innen?

Ihre Notizen:

Professionelle Nähe und Distanz

„Professionelle Nähe“ definieren wir als eine Grundhaltung in Beratungsgesprächen, in der pädagogischen Begleitung etc., in der Sie Ihrem Gegenüber Ihre volle Aufmerksamkeit und emotionale Präsenz zur Verfügung stellen. Sie sind da, Sie sind berührbar, Sie sind vertrauenswürdig. Sie erzeugen einen Raum, in dem Ihr Gegenüber sich angenommen fühlt mit seinem Anliegen. Es geht nicht um Sie, sondern um Ihre Klient_innen. „Professionelle Distanz“ hingegen verstehen wir als eine betrachtende, emotional abgegrenzte Haltung, in der wir potenzielle Muster und Strukturen, ggf. auch Beziehungsmanöver unserer Klient_innen wahrnehmen können. Die Kunst Sozialer Berufe ist das Pendeln zwischen professioneller Nähe und Distanz. Im Folgenden einige Empfehlungen, die helfen, diese Balance zu wahren.

Grenzen und Rollenklarheit

Am besten gelingt die soziale Arbeit, die Beziehungsarbeit, wenn wir im Kontakt emotional verfügbar und präsent sind, gemäß dem Motto „Was ich jetzt in diesem Moment tue, ist das Wichtigste auf der Welt. Der Mensch, der mir jetzt gegenüber sitzt, ist der wichtigste auf der Welt.“ Diese Haltung der ungeteilten Aufmerksamkeit ist möglich, wenn sie Grenzen hat. Wir können aus vollem Herzen, mit aller Energie und Aufmerksamkeit für einen Menschen da sein, wenn wir den Kontakt dann auch wieder beenden und zu uns selbst zurückkommen können. Wenn unsere Aufgaben klar sind: dafür bin ich da und dafür nicht.

Klären Sie für sich: was sind Ihre Grenzen? Was sind die Grenzen Ihrer Aufgabe, was sind Ihre persönlichen Grenzen? Zum Teil sind die Grenzen Ihrer Tätigkeit durch Ihre Stellenbeschreibung definiert, zum Teil müssen Sie sie selbst wahrnehmen und setzen. Erlauben Sie sich diese Grenzen und seien Sie auch im Kontakt mit Ihren Klient_innen darin klar.

Die Grenzen unserer Macht akzeptieren und das, was wir tun, wertschätzen

Manchmal haben die Menschen, mit denen wir arbeiten, überhöhte Erwartungen an uns oder unrealistische Vorstellungen über unsere Einflussmöglichkeiten. In ihren Notlagen sind wir manchmal scheinbar „die einzigen“, die sich ihrer Probleme wohlwollend annehmen und „die helfen können“. Das kann dazu führen, dass wir sowohl als Mensch als auch in unseren Möglichkeiten, etwas für sie zu tun, idealisiert und überhöht werden. Wenn wir selbst über die entsprechenden psychischen „Anschlussstellen" verfügen, kann es passieren, dass wir von unseren Klient_innen in die unrealistischen Erwartungen an unsere Möglichkeiten hineingezogen werden, dass wir uns dazu hinreißen lassen, quasi unlösbare Aufträge anzunehmen. Häufig handelt es sich bei den Anliegen unserer Klient_innen nicht lediglich um individuell verursachte Problemlagen. In unserer Arbeit zeigen sich die Konsequenzen gesamtgesellschaftlicher (Schief-)Lagen, von den Folgen gewaltvoller Strukturen bis hin zum Neoliberalismus. Angesichts dessen, was „eigentlich notwendig" wäre, erscheint das, was wir tatsächlich erreichen können, in vielen Fällen eben als unzureichend.

Um mit großem Bedarf und hohen Erwartungen, gepaart mit eingeschränkten eigenen Einflussmöglichkeiten umzugehen, helfen Rollenklarheit, Transparenz und auch innere Abgrenzung.

Das bedeutet, uns erst einmal klar zu machen, was genau wir im Rahmen unserer Arbeit bewirken können und was nicht. Vielleicht würden wir gerne mehr bewirken – das ist verständlich. Aber es ist wenig hilfreich für uns und unsere Arbeit, das abzuwerten, was wir konkret tun.

Wir können einen Vers beitragen zum Gesamtgedicht des Lebens. Nicht mehr, aber auch nicht weniger. Was genau ist dieser Vers, hier heute, in dieser Arbeitsstelle?

Das bezeichnen wir als *Rollenklarheit*. Im nächsten Schritt ist es wichtig, genau diese Klarheit unseren Klient_innen zur Verfügung zu stellen, *transparent* zu sein. Zu erklären: Das kann ich tun, dabei kann ich helfen, in diesem Ausmaß, und dabei nicht, auch wenn ich Ihre Notlage sehr wohl wahrnehme. Vielleicht kann ich Empfehlungen geben, wer an dieser anderen Stelle weiterhelfen kann (z. B. eine spezialisierte Beratungsstelle, ein_e Traumatherapeut_in …), vielleicht gilt es auch einfach auszuhalten, dass sich an dieser Stelle keine Lösung finden lässt. Wenn ich meine Möglichkeiten und Grenzen transparent mache, kann sich mein_e Klient_in auch besser orientieren und mich aus „Allmachtsphantasien" entlassen.

Und ja, es wird vielleicht nur ein Bruchteil dessen in meiner Macht stehen, was wünschenswert oder eigentlich nötig wäre. Wenn ich mir jedoch die „Nichtigkeit" meines Verses angesichts der multiplen Schieflagen unserer Welt ständig vor Augen führe, breche ich irgendwann unter dieser enormen Last zusammen. Damit ist niemandem geholfen. Also brauchen wir zusätzlich zur äußeren Abgrenzung gegenüber überhöhten Hoffnungen auch eine innere Abgrenzung. Ich kann im Rahmen meiner Arbeit etwas bewirken. Wenn ich während meines Arbeitstages, um es in einem Bild auszudrücken, meine Schachfiguren so bewegt habe, wie ich konnte, war das der von mir heute mögliche Beitrag zum Wohle des Großen und Ganzen. Dann gilt es, das „Schachbrett“ bis zum nächsten Tag ruhen zu lassen. Es dient niemandem, mich von den schmerzhaften Notlagen meiner Klient_innen „auffressen“ zu lassen. Denn mein Beitrag ist trotz seiner Begrenztheit wertvoll. Und darum ist es für alle am besten, wenn ich diesen Beitrag lange leisten kann. Und das kann ich wiederum nur, wenn ich mich innerlich abgrenzen kann gegenüber den akuten Notlagen, dem riesigen Bedarf, der Unmenschlichkeit in der Welt. Das ist nicht kalt. Es ist überlebenswichtig, um eben meinen hilfreichen Vers beitragen zu können.

Diese innere Abgrenzung gelingt dann am besten, wenn ich mir den Wert meines Beitrages ebenso vor Augen führe wie die Begrenztheit meiner Möglichkeiten und Ressourcen. Und ich mir nicht nur die Erlaubnis gebe, dass es mir gut gehen darf angesichts der Welt, sondern dass es wirklich geradezu „meine ethische Pflicht im Dienste meiner Klient_innen“ ist, um es nochmal mit Gunther Schmidt zu sagen.

Visualisierungsübungen zur inneren Abgrenzung

Manchmal ist es notwendig, sich in Arbeits- oder Gesprächssituationen emotional abzugrenzen und zu distanzieren. Das kann der Fall sein in Situationen, in denen es weniger um eine inhaltliche Klarstellung oder Grenzsetzung geht, sondern in denen uns bestimmte Inhalte, die Klient_innen berichten, zu nahe gehen oder uns die aufgeladene Emotionalität unseres Gegenübers zu massiv ist. Falls es dennoch nicht sinnvoll oder einfach nicht möglich ist, die Situation zu verändern, zu beenden oder zu verlassen, können Visualisierungsübungen zur inneren Abgrenzung hilfreich sein. Das funktioniert natürlich nicht in Situationen, die unmittelbar bedrohlich sind und entsprechendes Handeln erfordern. Es geht vielmehr darum, sich innerlich geschützt zu fühlen, wieder zu sich in einen sicheren Raum zu gelangen. Und dieser sichere Raum wird geschützt durch die Grenze, die Sie visualisieren können. Dazu haben sich zwei Bilder als hilfreich erwiesen.

Die erste Möglichkeit ist: Sie stellen sich genau in der Mitte zwischen Ihnen und Ihrem Gegenüber einen klaren, kühlen Wasserfall vor. Nichts Negatives kann durch diesen Wasserfall dringen. Sie sind geschützt auf Ihrer Seite des Wasserfalls.

Die andere Möglichkeit ist, sich vorzustellen, dass Sie in einem Ei aus Licht, aus Energie geschützt sind. Es hat vielleicht die Farbe Gold oder Weiß, gerne etwas Helles, oder auch ein intensives, leuchtendes Ultramarin. Welche Farbe entspricht Ihnen? Dieses Licht umgibt Sie wie eine schützende Hülle. Sie sind darin geschützt und sicher.

Erfahrungsgemäß können die meisten Menschen gut mit einer der beiden Übungen arbeiten, entweder dem Licht-Ei oder Wasserfall. Man kann aber auch situativ variieren. Und vor allem empfiehlt es sich, vorher zu üben. Wenn diese Visualisierung nicht gut sitzt, werden Sie in stressvollen Situationen dies wahrscheinlich nicht effektiv abrufen bzw. einsetzen können. Wunderbare Gelegenheiten, in denen man üben kann, sind überlaute Tischnachbarn in einem Restaurant, die die Bedeutsamkeit ihrer Redebeiträge gerne allen Anwesenden zuteil werden lassen, oder Wohnungsnachbarn, die man unfreiwillig hört …

Schutz vor traumatischen Inhalten

Möglicherweise werden Sie in Ihren Klient_innenkontakten mit traumatischen Inhalten konfrontiert. Es können Schilderungen von Gewalttaten sein, von lebensbedrohlichen Übergriffen, sexuellem Missbrauch, von unmenschlichen Bedingungen. Seit der Allgegenwart von Smartphones können es auch Bilder oder Filme sein, die Ihre Klient_innen Ihnen zeigen wollen, von Zerstörung, von Mord, von schlimmen Verletzungen. Diese Inhalte haben in vielen Fällen eine Traumatisierung bewirkt bei Ihrem Gegenüber.

Es ist wichtig, dass unsere Klient_innen die Möglichkeit haben, sich mit ihren Erlebnissen irgendwo anzuvertrauen. Dass sie über das Erlebte sprechen können, Worte finden, Unterstützung bekommen. Das bedeutet aber nicht, dass es Ihre Aufgabe ist, jeden Inhalt in jeder Situation auszuhalten, sich jedes Detail anzuhören, jedes Bild anzusehen.

Insgesamt raten wir dazu, die „Traumabearbeitung“, d. h. die ausführliche Thematisierung traumatischer Erlebnisse im therapeutischen Rahmen zu belassen. Das bedeutet also, nicht den Anspruch zu haben, Traumata in der Alltagsarbeit aufzuarbeiten, sondern traumatisierte Menschen darin zu unterstützen, einen Therapieplatz zu finden. Es kann sein, dass Ihre vorrangige Aufgabe ist, nicht das Trauma zu explorieren, sondern den traumatisierten Menschen an die entsprechende Stelle (Therapie, Klinik, Frauenberatungsstelle, Rechtsanwältin, Polizei …) zu vermitteln.

Nun kann es natürlich sein, dass (auf die Schnelle) keine therapeutische oder anderweitige Unterstützung zu Verfügung steht. Vielleicht vertraut eine Jugendliche Ihnen als Betreuer_in erstmals etwas über einen sexuellen Missbrauch an, vielleicht ist einem Klienten gerade etwas zugestoßen, vielleicht müssen Sie in der Vorbereitung eines Asylverfahrens nach den Fluchtgründen eine_s Geflüchteten fragen. In diesen Fällen kann es durchaus sinnvoll und notwendig sein, dass Ihre Klient_innen mit Ihnen über das sprechen können, was Sie erlebt haben.

Bitte achten Sie dabei gut auf sich! Falls Sie den Anspruch haben sollten, traumatische Inhalte „ohne mit der Wimper zu zucken“ ungerührt aufzunehmen, wäre das aus unserer Sicht ein genauso falsches Verständnis von Professionalität wie der Anspruch, die Schilderungen innerlich ungeschützt zu begleiten, sich von „Bildern des Grauens“ mitfühlend berühren zu lassen und sie ohne Folgen anschauen zu können. Das müssen Sie nicht!

Es kann aus vielen Gründen wichtig sein, sich die Schilderungen tatsächlich in einem Raum der Annahme anzuhören. Doch ist dabei unerlässlich, dass Sie sich innerlich schützen, wissend, wie schlimm das ist, was Sie in dem Moment bezeugen. Wenn irgend möglich, bleiben Sie in einer gewissen inneren Distanz zu den Inhalten, steigen Sie innerlich nicht völlig in die Erzählung Ihres Gegenübers ein. Dazu hilft es zum Beispiel, wenn man es kann, die Erzählungen auf einer Ebene von Worten zu belassen und sich keine inneren Bilder dazu zu machen. Wenn Sie das nicht können und automatisch innere Bilder entstehen, disziplinieren Sie sich und malen die Bilder nicht allzu farbig aus.

Ein allzu detailliertes Schildern des Erlebten ist nicht in jedem Kontext sinnvoll und kann sowohl Sie selbst als auch die_den Betroffene_n überfordern. Wenn Sie bemerken, dass das Gespräch eine solche überfordernde Dynamik annimmt, sollten Sie es nicht einfach weiterlaufen lassen. In diesem Fall stoppen Sie den Bericht behutsam. Es muss nicht unbedingt jedes Detail in einem ersten Gespräch ausgesprochen werden. Was wäre ein angemessener Rahmen, um dem Inhalt tatsächlich gerecht zu werden? Braucht der Mensch spezialisierte fachliche Hilfe und Sie können einen Kontakt herstellen? Wäre es gut, einen weiteren Termin auszumachen, an dem Sie vorbereitet sind und sich mit mehr Ruhe dem Thema widmen können oder Unterstützung dazu holen können?

Und lassen Sie Ihrer Empathiefähigkeit nicht „freien Lauf". Nehmen Sie die Emotion, die die Schilderung unterlegt, wahr, aber schwingen Sie sich nicht in diese traumatischen Gefühle ein. Achten Sie darauf, dass Sie innerlich gut in sich selbst verankert bleiben, achten Sie auf Ihren eigenen Atem.

Sie dürfen es auch ablehnen, Bilder und Videos mit traumatischem Inhalt anzusehen, solange dies für Ihre berufliche Rolle nicht erforderlich ist. Bilder, die Sie einmal gesehen haben, bekommen Sie möglicherweise nicht mehr aus Ihrem Kopf. Genauso können Sie das vor Ihrem Gegenüber begründen. Es muss keine „kalte" Abgrenzung sein und es würdigt genau den Umstand, dass sie eben schlimm sind. In unserer Erfahrung können Klient_innen das in der Regel gut nachvollziehen. Stattdessen können Sie Ihre Klient_innen bitten, Ihnen zu berichten, was auf den Bildern zu sehen ist. Und, falls es sinnvoll ist, die entsprechenden Kontakte herstellen und dafür sorgen, dass diese Bilder an anderer Stelle (z. B. in einer Beweisaufnahme, bei der Anwältin für das Asylverfahren etc.) die entsprechende Würdigung erfahren.

Wenn das Gespräch beendet ist, sollten Sie sich würdigen und sich vor allem bewusst sein, dass Sie mit „toxischem Material" in Berührung gekommen sind und an dem Tag für eine entsprechende Entlastung sorgen. Nehmen Sie sich direkt nach einem solchen Gespräch Zeit, die Inhalte wieder abfließen zu lassen. Manchmal ist es sinnvoll, etwas über das Gehörte aufzuschreiben, es somit zu externalisieren und damit ablegen und für den Moment abschließen zu können. Es ist gut, das Fenster zu öffnen, den Raum zu lüften und bewusst zu „reinigen". Eine Zeitlang durchzuatmen. Vielleicht tut es auch gut, sich eine Pause zu gönnen, selbst einen Moment an die Luft zu gehen, sich bewusst wieder in eine andere Realität zu begeben. Auch ein entlastendes Gespräch mit einer Kolleg_in kann helfen.

Falls Sie nach Feierabend feststellen, dass Ihnen bestimmte Inhalte oder Gefühle noch nachhängen, schlagen wir weiter unten weitere Entlastungsübungen vor.

3.5 Unterstützung im Team

Der Mensch ist ein soziales Wesen. Wir arbeiten in den allermeisten Fällen in Teams, wobei es in der psychosozialen Landschaft sehr unterschiedliche Formen von Teamarbeit gibt. Für manche ist das Team der Boden, der Anker, die „Seele“ des Arbeitslebens. Daraus bezieht man Kraft, Trost, Reflexion und Inspiration für die individuelle Arbeit. Andere sind tendenziell Einzelkämpfer_innen und betrachten nicht selten Teamsitzungen als einen Luxus, den man bei gegebener Belastung auch gerne ausfallen lassen kann. Die Stellenbeschreibung und die individuellen Neigungen bestimmen meistens die konkrete Rolle des Teams im Arbeitsalltag. Wichtig hierbei ist die persönliche Passung. Sind Sie jemand, die_der gerne sozial eingebunden und getragen arbeitet, dann werden Sie sich wahrscheinlich in einem losen Verbund von Einzelkämpfer_innen tendenziell unwohl und verlassen fühlen. Andersherum können Sie sich eingeengt und bevormundet fühlen, wenn Sie gerne selbständig tätig sind, während das Team, dem sie angehören, in enger Abstimmung zusammenarbeitet.

Wir betrachten das Team, systemisch gesehen, als die „soziale Zelle“, auf die man sich im Arbeitsleben primär bezieht. Ein gut funktionierendes Team ist entscheidend für die erlebte Arbeitszufriedenheit. Je wichtiger die Rolle des Teams in der konkreten Arbeitsstelle ist, desto wichtiger dann auch, dass es „gut funktioniert“. Doch was bedeutet das? Um keine allzu weiten Ausflüge in die Theorien von Organisationsentwicklung zu unternehmen und nachvollziehbar und konkret zu bleiben, vergleichen wir an dieser Stelle ein gut funktionierendes Team mit einem Organismus. Dieser hat seine Gesamtaufgabe, Organe und Organsysteme haben wiederum exakt definierte Unteraufgaben, und auf unterstem Niveau haben die Zellen auch jeweils exakt definierte Funktionen, die in einer klar definierten Beziehung zum Gesamtorganismus stehen. Individualität und Kooperation fließen zusammen in einen gemeinsamen Tanz auf das große gemeinsame Ziel hin. Wir wollen im Folgenden einige Aspekte beleuchten, die erfahrungsgemäß wichtig sind, damit ein Team ein sicherer, klarer und unterstützender Ort ist.

Doch vorher wieder einige Reflexionsfragen an Sie:
Was brauchen Sie, damit Sie sich in einem Team wohlfühlen?
Was tragen Sie selbst dazu bei, dass das Team gut zusammen arbeitet?
Was könnten Sie noch tun? Was schätzen Sie an Ihrem Team?

Wo sehen Sie Schwierigkeiten?
Was soll so bleiben, wovon bräuchte es mehr?
Was fehlt noch?

Ihre Notizen:

Hilfe suchen

Sie müssen nicht alles alleine schaffen. Oft haben wir einen nicht unerheblichen Spielraum, uns selbst mit unseren Eigenheiten in unserem Arbeitsbereich einzubringen, unseren eigenen „Stil" zu entwickeln und bewusst die darin liegenden Stärken zu nutzen. Welche sind das? Was können Sie besonders gut, wann wäre es sinnvoll, eine_n Kolleg_in hinzuzuziehen? Wir müssen und können nicht alles gleich gut können, und das ist in Ordnung so.

Wenn Sie mit schwierigen Fällen konfrontiert sind, wenn bestimmte Arbeitssituationen Sie belasten, sollten Sie fachliche Beratung erhalten. Supervision, sowohl Fall- als auch Teamsupervision, sowohl regelmäßig als auch in besonderen Fragen, sollte eine Selbstverständlichkeit in der Sozialen Arbeit sein – mehr dazu weiter unten. Aber auch zwischen den Supervisionssitzungen, im normalen Arbeitsalltag ist Unterstützung wichtig. Gönnen Sie sich entlastende Gespräche mit Kolleg_innen nach belastenden Arbeitsterminen. Wenn absehbar ist, dass ein Gespräch oder eine Situation schwierig werden wird, kann es auch eine Möglichkeit sein, diese von Anfang an zu zweit zu planen. Achten Sie in Ihrer Einrichtung darauf, dass es regelmäßig Gelegenheit zu interkollegialem Austausch und Intervision gibt. Regelmäßige Team-Treffen, in denen sich alle darüber austauschen, wie es ihnen im Moment auf der Arbeit geht, welche Belastungen es gibt, aber auch, was gut läuft und erfreulich ist, sind eine gute Möglichkeit.

Falls Sie nicht über ein Team verfügen, in dem Sie sich gegenseitig unterstützen und entlasten können, gibt es andere Netzwerke? Gibt es Kolleg_innen anderer Einrichtungen, mit denen Sie sich zusammenschließen und gegenseitig unterstützen können?

Teamkultur

Als Erstes möchten wir das Konzept der Teamkultur beleuchten. Es gibt kein Team, das keine Teamkultur hat. Dieser Begriff beschreibt das Set an impliziten und expliziten Regeln und Verabredungen, das Selbstverständnis eines Teams und seine ganz eigene Art, mit den Anforderungen der Arbeit umzugehen. In Teambuilding-Maßnahmen wird häufig das Etablieren bzw. Entwickeln einer Teamkultur als ein fundamentales Element vorangetrieben. Warum? Weil es eben sinnvoll ist, die geltenden „Normen und Regeln“ bewusst und gewählt zu verabreden, die Teamkultur bewusst zu gestalten und sich nicht unbewusst von alleine entwickeln zu lassen. Warum dies wiederum? Die Elemente einer unbewussten Teamkultur sind meist nicht unbedingt förderlich. Unsicherheit, Misstrauen, Ängste und Überforderung sind dann oft die Quellen, aus denen sich der Umgang miteinander speist. Wenn man eine neue Arbeitsstelle beginnt, merkt man nach einer gewissen Zeit, wie „der Hase läuft“ in diesem Team. Darf ich meine Kollegin fragen, wenn ich unsicher bin, sind die Mitarbeiter_innen untereinander loyal, oder werden Fehler mit der Leitung, anstatt (zunächst) mit mir besprochen? Schreibt man sich die Überstunden vollständig auf, werden sie auch tatsächlich genommen oder entsprechend vergütet? Sehr wichtig für Sie als Neuankömmling in einem Team: fragen Sie offen. Wie wird dies, wie wird jenes hier gehandhabt? „Ich habe x und y hier beobachtet, ist das hier allgemeiner Konsens?“ und so weiter. Das kann in Teamsitzungen geschehen, besser noch in der Teamsupervision, wo genau der Umgang miteinander Thema ist bzw. sein sollte. Fragen Sie nicht so sehr Einzelpersonen, es sei denn, Sie wollen gezielt die Schichten unter der Oberfläche erfahren. Scheuen Sie sich nicht, diese überall vorkommenden „neuralgischen Aspekte" offen anzusprechen. Stoßen Sie hierbei auf Widerstand, können Sie von einer tendenziell ungünstigen und impliziten Teamkultur ausgehen. Nun müssen Sie sich entscheiden, ob Sie durch immer wieder Thematisieren „aufräumen" wollen und es dadurch ans Licht holen, sich fügen oder das Feld räumen.

Als langjährige Mitarbeiter_in lohnt es, einen Augenblick über die in Ihrem Team vorherrschende Kultur zu reflektieren. Gerade wenn man es seit langem gewohnt ist, in einer bestimmten, vertrauten Art und Weise im eigenen Team zu interagieren, kann es sein, dass man es schlicht nicht (mehr) merkt, wenn im Miteinander Standards gelten, die man offen so nie bejahen würde.

Als Leitung ist die Teamkultur in entscheidenden Anteilen mit Ihnen verbunden. Haben Sie diese präsent? Gehen Sie offensiv mit diesem Thema um, haben gar einen oder mehrere Klausurtage hierzu veranstaltet? Dann ist alles gut, denn Sie profitieren an erster Stelle von einer guten Kultur im Team und eine ungünstige fällt mittelbar immer auf Sie zurück bzw. Ihnen auf die Füße. Sie geben, explizit oder implizit, z. B. vor, wie man mit Fehlern umgeht, welche Freiheitsgrade herrschen, welcher Ton untereinander die Atmosphäre bestimmt. Reicht der wertschätzende Ton den anderen gegenüber auch in krisenhafte und stressige Zeiten hinein, oder lassen Sie sich unter eigenem Druck gehen? Pflegen Sie einen zentralistischen Führungsstil? Sind Sie der Meinung, ohne Sie würde „der Laden" den Bach runter gehen? Dann dürfte es nicht verwunderlich sein, wenn Ihre Mitarbeiter_innen Dienst nach Vorschrift betreiben, nicht offen mit Kritik umgehen und insgesamt nicht sonderlich kollegial erscheinen, ob zu Ihnen oder untereinander. Allgemein sollten auf einer Ebene Ihre Alarmglocken schrillen, wenn Sie der Meinung sind, Ihre Mitarbeiter_innen seien entweder dauerhaft grundlos unzufrieden oder über die Gebühr anspruchlich. Möglicherweise haben Sie in diesem Fall die emotionale Verständnisbrücke zu Ihrem Team aus den Augen verloren. Dann können Sie relativ sicher sein, dass Ihr Team wiederum auch Sie und Ihren Führungsstil nicht gut nachvollziehen kann. Offene Kommunikation und Entscheidungstransparenz sind dann die probaten Mittel, um einer solchen Entwicklung entgegen zu wirken. Machen Sie klar, was Sie warum und auch wie entscheiden, nach welchen Kriterien, wie die Umgebungsvariablen sind (höhere Führungsebenen, Finanzierungsabläufe etc.) und nicht zuletzt, signalisieren Sie (echtes) Interesse an den Sorgen und Nöten Ihrer Mitstreiter_innen. Ihr Führungsstil jedenfalls ist ein zentraler Bestandteil der Teamkultur, ob Sie es wollen oder nicht. Haben Sie sich über Ihren eigenen Stil Gedanken gemacht, das eigene Verständnis von

Führung reflektiert? Wir sind der Meinung, dass einige Stunden Leitungscoaching, gerade zu Beginn einer solchen Tätigkeit, eine Selbstverständlichkeit sein sollten, um genau diese Fragen schärfen zu können. Doch selbst wenn Sie bereits vor Jahren „einfach so“ in diese Position „hineingeraten“ sind und Sie sofort schwimmen mussten, lohnt es sich, die Reflexion des eigenen Führungsstils nachzuholen.

Kriterien einer guten Teamkultur

Kein Team ist wie das andere. Größe, Umgebung und vor allem der Aufgabenbereich bestimmen in weitesten Teilen, welche Teamkulturelemente hilfreich sind und welche nicht. Wir möchten hier einige Prinzipien vorstellen, die sich insgesamt als hilfreich erwiesen haben. Ob diese in Ihrer Arbeitsumgebung dienlich sind und anwendbar, können wir natürlich nicht beurteilen und somit erheben wir weder den Anspruch allgemeiner Gültigkeit noch den auf Vollständigkeit.

Explizite Vereinbarungen und Reflexion der Umsetzung: Teamkultur sollte explizit gestaltet und vereinbart werden. Es sollte regelmäßig gemeinsam reflektiert werden, ob die theoretisch vereinbarten Umgangsformen sich auch in der Alltagspraxis wiederfinden

Fehlerfreundlichkeit: Man kann nicht lernen, erst recht nicht Neues entwickeln, wenn man keine Fehler machen darf. Fehler sind die Leitplanken auf dem Weg zum Ziel. Fehler zeigen die Grenzen und die Richtung auf. Wenn man die Grenzen nicht auslotet, wenn man keinen Fehler machen „darf“, dann bewegt man sich konstant in der bekannten Komfortzone und verzichtet auf die Ausnutzung eines erheblichen Teils des Gesamtteampotenzials. Innovation und Kreativität als Ressourcen können nur gepaart mit einem guten Fehlermanagement gut ausgeschöpft werden. Ob untereinander oder seitens der Leitung, Fehler gehören angesprochen, doch wertschätzend, und vor allem an der Sache, nicht an der Person orientiert. Dies werden wir auch unter „Umgang mit Konflikten im Team“ präziser beleuchten.

Offenheit und Ehrlichkeit: Es ist hilfreich, wenn man alles ansprechen darf, ohne explizit oder implizit deswegen Repressalien erwarten zu müssen.

Gerechtigkeit: Ein gerechter Umgang untereinander und eine Gleichbehandlung seitens der Leitungsebene sollten selbstverständlich sein. Hierbei möchten wir anhand eines Bildes kurz zwei Ebenen von Gleichbehandlung anreißen, die Konzepte der sogenannten „kalten“ und „warmen“ Gerechtigkeit. Zwei Teamkolleg_innen bringen geburtstagsbedingt jeweils einen Kuchen mit, eine einen Schokoladenkuchen, die andere eine Käse-Mandarine Torte. Das basale Gerechtigkeitsempfinden gebietet, dass alle Anwesenden den gleichen Anteil von beiden Kuchen bekommen, ungeachtet der persönlichen Vorlieben. Dies könnte man als „kalte Gerechtigkeit“ insofern bezeichnen, als dass jedes Individuum in gleicher Weise an den Ressourcen teilhat. Wenn Petra nun aber ein notorischer Käsekuchenfan ist und Jens jeden Krümel Schokoladenkuchen staubsaugergleich in sich aufnehmen könnte, könnten diese entweder untereinander die Ressourcen entsprechend den eigenen Vorlieben bzw. Bedürfnisse tauschen oder von den Geburtstagskindern schon beim Schneiden der Tortenstücke entsprechend ihrer Vorlieben bedacht werden. Dies könnte man als „warme Gerechtigkeit“ bezeichnen, da die Personen ganzheitlich, also entsprechend ihrer momentanen oder generellen Bedürfnisse und Vorlieben beachtet werden. Der Unterschied der „warmen Gerechtigkeit“ zur Vorzugsbehandlung ist jedoch nur ein schmaler Grat. Sie wird unserer Erfahrung nach nur dann als gerecht empfunden, wenn über Zeit und Ressourcenbereiche hinweg sich wieder eine ungefähre Gleichbehandlung einstellt. Wenn wir den jeweiligen Kuchen betrachten, ist die Behandlung nicht gleich. Erst wenn Jens auf seinen Anteil an Käsekuchen verzichtet und Petra auf ihren Schokokuchenanteil, dann wird es wieder „rund“. Wenn ledige Mitarbeiter_innen ohne Kinder grundsätzlich als Letzte ihre Urlaubswünsche anbringen dürfen, im Zweifelsfall zurückstehen müssen und es nicht auf einer anderen Ebene eine für sie zufriedenstellende Ausgleichsbehandlung gibt, wird sich auf Dauer bei allem Verständnis für die schwierigere Situation von Eltern mit hoher Wahrscheinlichkeit eine gewisse Unzufriedenheit einstellen. Man könnte also, wenn man will, eine Hierarchie der Behandlungsmöglichkeiten aufstellen. Zuunterst und nicht vertretbar ist die Vorzugsbehandlung, sprich eine ungleichmäßige Verteilung der Ressourcen entlang von z. B. Sympathie, Nähe zur Entscheidungsperson oder Nützlichkeitserwägungen. Deutlich besser und die wichtigste Stufe von Gerechtigkeit ist die nicht individuell angepasste Form von Gerechtigkeit, die „kalte Gerechtigkeit“. Noch darüber könnte man die sogenannte „warme Gerechtigkeit“ ansiedeln, die gleichzeitig individuelle Bedürfnisse und eine über alle Ressourcenbereiche hinweg gemessene Gleichbehandlung berücksichtigt. Sie ist potenziell am meisten zufriedenstellend, jedoch braucht sie selbst mehr Energie, da die unterschiedlichen Ressourcenbereiche dafür von allen im Blick behalten werden müssen.

Wertschätzung: Es ist ein grundsätzliches menschliches Bedürfnis, gesehen und willkommen geheißen zu werden. Insofern ist es wichtig, auch im aufgabenüberladenen Alltag den Beitrag Einzelner zu würdigen, und sei es nur mit einem „Danke" mit gleichzeitigem Blickkontakt.

Kooperation: Eine (zu) hohe Aufgabenmenge kann zu einem Gefühl der Überlastung führen. Dann können sich Bitten um Hilfe von Kolleg_innen oder die Delegierung von Aufgaben spontan eher störend und unwillkommen anfühlen. Dennoch ist es sehr wichtig, nicht zu vergessen, dass man eine Minute später selbst eine Hilfestellung benötigen könnte. Zusammenarbeit definiert ein Team. Je harmonischer und selbstverständlicher Kooperation und Delegation funktionieren, desto höher in der Regel die Arbeitszufriedenheit und das emotionale Aufgehobensein in einem Team.

Umgang mit Konflikten im Team

Der Umgang mit Konflikten ist ein sehr wichtiges Thema, individuell und auch in Teams. Harmoniebedürfnis und die Scheu vor potenziell negativen Folgen einer offenen Auseinandersetzung führen gerade im psychosozialen Bereich häufig dazu, dass Konflikte nicht oder nur sehr spät ausgetragen werden. Doch warum muss man Konflikte austragen, es ist doch viel schöner, wenn man friedvoll und harmonisch miteinander umgeht? Weil Konflikte, ähnlich wie unangenehme Emotionen, zum Leben dazu gehören. Sie entstehen aus Differenzen, Interpretationen, Befürchtungen, Generalisierungen. Wir werden jetzt nicht ausschöpfend Konfliktentstehungstheorien referieren, sondern, wie an anderer Stelle auch, einige psychodynamische Gegebenheiten im menschlichen Miteinander beleuchten, die uns hilfreich erscheinen für ein Grundverständnis von Konflikten und den hilfreichen Umgang damit und untereinander im Team.

Entstehung von Konflikten – Grundlegende Betrachtungen zu Beziehungen

Beziehungen allgemein kann man sich vorstellen wie ein Band, einen Korridor zwischen Menschen (oder Lebewesen), der alle Elemente dieser Beziehung beinhaltet. In einigen Fachrichtungen spricht man explizit von einem Beziehungskorridor. Was ich über die Person, das Team, die Institution, das Tier oder was auch immer denke und fühle wird, ob ich will oder nicht, Teil dieses

Korridors, ebenso alle Handlungen und Worte, die von beiden Seiten in die Beziehung einfließen. Sie sind sozusagen die konstituierenden, die bildenden Elemente der Beziehung. Sind es wenige Elemente, bilden diese quasi eine „dünne“ Beziehung, viele wiederum eine dichte, gewachsene Beziehung. Teile dieser Elemente sind bewusst und/oder offen geteilt, andere Teile nicht. Wenn ich die Farbauswahl oder -muster der Socken meines geschätzten oder nicht geschätzten Kollegen X eher auf einem LSD-Bild passend finde und weniger zu seinen Jeans, das ist ebenfalls Teil des Beziehungsbandes (weil sie in mir auf ihn gerichtete Gedanken und Emotionen sind), doch wahrscheinlich werde ich dies eher nicht kommunizieren. Um ihn nicht zu kränken, weil es mich, meiner Auffassung nach, nichts angeht, oder weil es schlicht nicht der Rede wert ist. Erzähle ich wiederum zuhause oder im Freundeskreis anderen Menschen von dieser Vorliebe, so fließt das ebenfalls in den Beziehungskorridor zu X. Dieser Umstand ist uns sehr selten bewusst. Was wir mit anderen Menschen über eine Person reden, ist auf einer subtilen, unterschwelligen Ebene Teil der Beziehung zu dieser Person und somit (meist unbewusst) von dieser auch potenziell wahrnehmbar in der Begegnung. Auf jeden Fall aber von mir selbst, wenn sich der Korridor aktiviert, heißt, ich trete in direkte Kommunikation mit dieser Person. Vielleicht kennen Sie das: Sie haben sich einmal „gehörig Luft gemacht“ über jemanden, die_den Sie nicht sehr schätzen, Sie haben viel und mit intensiver (negativer) Emotion über diesen Menschen gesprochen. Sie hatten aber nie vor, mit dieser Person offen diese Empfindungen zu teilen. Im Moment der Begegnung haben Sie ein unangenehmes Gefühl und es steht förmlich etwas zwischen Ihnen und Ihrem Gegenüber, ein Gefühl der Beklommenheit könnte sich breit machen, wenn Sie es zulassen. Auf einer Ebene sind in dem Moment alle Aussagen und Emotionen, die Sie über die Person Dritten gegenüber geäußert haben, präsent. Überprüfen Sie das. Nicht selten wird dieses Gefühl jedoch der anderen Person zugeschrieben, was innerlich die Distanz noch größer macht, anstatt hinzuspüren und wahrzunehmen, dass es an dem eigenen Ausagieren, um es nicht Lästern zu nennen, gelegen hat. Aus diesem Umstand kann dann ein Konflikt entstehen, muss es aber nicht. Doch nun zurück zu den LSD-Socken.

Differenzen

Differenzen sind ja nicht zwangsläufig konflikthaft. Die erwähnten Socken können eine liebenswerte Eigenheit des Kollegen X bleiben. Konflikte entstehen häufig erst einmal antizipativ, also vorweggenommenerweise im eigenen Kopf. Und dort laufen sie in den meisten Fällen viel dramatischer ab als in der

Realität. In der Regel fängt es mit einer Beobachtung an. Kollegin D grüßt mich, so meine Wahrnehmung, viel weniger freundlich als andere Kolleginnen. Kollege S trägt immer als Erster seine Urlaubswünsche ein. Mein Chef hört gar nicht zu, nachdem er mich etwas gefragt hat, sondern fährt mir ständig über den Mund. Das ist die Faktenebene. So fühlt es sich zumindest an, doch lohnt hier schon ein genauerer Blick. Sind das *wirklich* die Fakten? Habe ich D regelmäßig beobachtet und kann wirklich akkurat behaupten, sie würde nur mich unfreundlich grüßen? Trägt Kollege S wirklich *immer* als Erster den Urlaub ein? Da, wie bereits erwähnt, negativ Empfundenes schneller und nachhaltiger wahrgenommen und gespeichert wird, lohnt es immer, wenn etwas einer_einem gegen den Strich geht, einen genaueren, zweiten Blick zur Überprüfung zu wagen. Als Nächstes passiert nämlich, meist gar nicht als getrennter Schritt beobachtbar, die Deutung der Handlung. Wahrscheinlich ist es nicht an sich schlimm, wenn D mich tatsächlich zurückhaltender grüßt, sondern es tut dann weh, wenn ich das negativ deute. „Sie hat was gegen mich", „Sie mag mich nicht", „Sie hält sich für was Besseres" etc. Ähnlich mit S. Wenn er sich entgegen der gerechten Ressourcenverteilung Vorteile verschaffen will, ist es verletzend oder erzeugt Unmut. Er könnte jedoch auch einfach der Erste auf dem Flur aus der Richtung der Sekretärin sein, die deswegen die Urlaubswunschliste immer bei ihm in den Umlauf bringt. Oft ist dies der schematische Beginn eines Konflikts. Wir beobachten eine Handlung, die Deutungen zulässt, die Angst, Schmerz oder Wut erzeugen würden. Dies erzeugt eine Spannung in uns selbst und im Kontakt. Eine Lösung, um die Spannung zu reduzieren, ist relativ offensichtlich, man könnte die Wahrnehmung ansprechen und die mögliche Deutung zur Verfügung stellen mit der Bitte um eine Klarstellung. Das wäre eine vorbildliche Konfliktlösungs-, bzw. noch besser, eine Klärungsstrategie, die einen Konflikt gar nicht erst aufkommen lassen würde. In der Praxis geschieht dies jedoch erheblich seltener als es angebracht wäre. Warum? Was hält uns davon ab? Sehr häufig ist es die Antizipation eines „unlösbaren Konflikts", die uns hemmt. Oder die Vorstellung, die tatsächlich zugegebenermaßen unter bestimmten Umständen nicht unrealistisch ist, dass ein einmal angesprochener Konflikt, falls eine Lösung nicht gelingt, die Beziehung zum Gegenüber oder die Stimmung im Team verdirbt.

Wir wollen Sie jedoch dazu ermuntern, Konflikte anzusprechen. Dadurch „reinigt" sich der Beziehungskorridor und man gleicht die negativen Phantasien mit der Realität des Gegenübers ab. Man nennt dies auch „Realitätsprüfung". Bei gegebenen Auffassungs- oder Interessensdiffenrenzen lässt sich offen und auf Augenhöhe verhandeln. Dazu einige Tipps:

- Es hat sich bewährt, sich vorab einen Moment Zeit zu nehmen, um sich darüber Gedanken zu machen, was genau Ihr Konflikt ist. Identifizieren bzw. trennen Sie dabei für sich beobachtete Fakten von eigenen Deutungen.
- Für das Wann und Wie des Ansprechens ist Ihre soziometrische Position im Team sowie die des_der Konfliktpartner_in durchaus relevant. Stehen Sie eher am Rand und die andere Person eher im (Macht-)Zentrum des Teams, wird es möglicherweise sinnvoll sein, die Differenzen entweder in einem Teamsetting oder im Rahmen einer Supervision anzusprechen. Gerade wenn Sie antizipieren, dass Ihr Gegenüber ansonsten blockieren oder abwiegeln würde. Sind Sie hingegen die alteingesessene bzw. gut vernetzte und aufgehobene Person im Team, könnte es hilfreich sein, den Konflikt zunächst in einem one to one Gespräch anzusprechen. Dies sind jedoch nur sehr grobe Richtlinien, es kann genauso gut andersherum der Fall sein.
- Es lohnt sich, den Charakter einer Bloßstellung zu vermeiden.
- Menschen gehen lieber aufrechten Hauptes. Es ist gut, wenn Sie den Konflikt so ansprechen, dass die andere Person „aufrechten Hauptes", also mit unverletzter Würde, aus dem Gespräch herausgehen kann. Dazu gilt es zum einen, wie erwähnt, Fakten von Deutungen zu trennen, zum anderen mit Ihrer Kritik sach- und nicht personenorientiert zu bleiben.
- Damit das Obere funktioniert, hilft es fast immer, wenn Sie von sich sprechen, Ihren Beobachtungen und den dabei entstandenen Gefühlen. Und wenn Sie dabei *innerlich wie äußerlich* der anderen Person die Chance geben, Ihre Wahrnehmungen und Deutungen zu korrigieren. Sätze mit „du bist …", Aussagen über das Wesen einer anderen Person können auf psychologischer Ebene eine besondere Art des Übergriffs darstellen, die den existentiellen Ich-Kern bedroht. Das bringt das Gegenüber nahezu unwillkürlich in einen Zustand der „Identitätssicherung". Das bedeutet, man macht augenblicklich zu und fährt die Schutzmauern hoch. Wenn man jemanden erreichen möchte, ist dies die ungünstigste aller Ansprachemöglichkeiten. Besonders schwierig wird es, wenn die angesprochene Person biografisch damit bereits z. B. seitens der Eltern schlechte Erfahrungen gemacht hat und somit besonders „allergisch" auf solche „falschmachenden" Aussagen reagiert. Sie haben dann zusätzlich zum identitätsbedrohenden Charakter noch denjenigen eines Triggers.
- Fair zu bleiben und möglichst nicht übers Ziel hinaus zu schießen, könnte hilfreich sein. Dies wäre dann möglich, wenn Sie mit der Klärung zu lange gewartet haben und sich dadurch eine erhebliche Menge Emotion gesammelt hat, die sich dann eruptiv, also wie die Eruption eines Vulkans ausdrückt.
- Wenn möglich, kann Supervision helfen.

Und zu guter Letzt: es kann Konflikte geben, die sich mit den oberen Methoden nicht lösen lassen. Zwei häufige Ursachen dafür sind Verschiebungen bzw. Stellvertreter_innenkonflikte und „hidden agendas". Stellvertreter_innenkonflikte sind meistens konkrete aktuelle Situationen, in denen tiefer liegende Differenzen, Kränkungen oder vergangene Ereignisse quasi den Treibstoff bilden für den aktuellen Konflikt. Solche Verschiebungen sind meistens den Beteiligten nicht als solche bewusst, man merkt nur, dass „es" sich nicht klären lässt oder die negativen Emotionen bleiben. Stellvertreter_innenkonflikte können auch solche sein, wo einzelne Personen in einen Konflikt miteinander geraten, der eigentlich zwischen Gruppen oder Untergruppierungen herrscht. Auch hier ist der „Treibstoff" weniger die persönliche Unstimmigkeit als vielmehr die aufgestaute Spannung zwischen den übergeordneten Gruppierungen. Es lohnt also, bei scheinbar unlösbaren Konflikten, den Blick mehr auf „Weitwinkel" zu stellen und auch die unterschiedlichsten Kontextvariablen mit in die Betrachtung einzubeziehen.

Bei der „hidden agenda" (versteckte Agenda) handelt es sich um teils unbewusste, auf jeden Fall nicht explizierte Ziele oder Widerstände Einzelner in einem größeren System. Man trifft sich zum Beispiel im Team, um sich über die Implementierung eines neuen Dokumentationsprogramms auszutauschen. Person XY kommt mit, findet aber eigentlich die ganze Software ganz schrecklich und fühlt sich durch diese eingeschränkt und kontrolliert, um ein fiktives Beispiel zu konstruieren. Eigentlich, ob bewusst oder unbewusst, will XY überhaupt nicht, dass dieses Treffen erfolgreich ist. Das kann sie_er aber so nicht sagen oder vertreten, weil es vom Team antizipierterweise so nicht toleriert werden würde. Es könnte sein, dass sie_er dann stattdessen sehr gereizt ist, unaufmerksam oder einen heiß eskalierenden Konflikt mit einer Kollegin wegen ihrer scheinbar so abwertenden Äußerungen „vom Zaun bricht". Bei Stellvertreter_innenkonflikten kann eine supervisorische Begleitung hilfreich sein, eine „hidden agenda" hingegen kann oft erst, wenn überhaupt, nach einigen gescheiterten Anläufen erkannt werden, und auch dies nur, wenn alle Beteiligten inklusive der externen Begleitung konstant dabei sind. Hinweise für beide Arten von verschobenen Konflikten können eine so wahrgenommene Nicht-Passung zwischen Konfliktinhalt, also dem Thema, um das es geht, und der darin erscheinenden emotionalen Aufladung sein, oder das Gefühl, man habe dieses Thema schon so oft behandelt und es hat sich nichts geändert und die sich damit einhergehend zeigende Hilflosigkeit und Resignation.

Psychohygienerunden

Gerade in Teams, in denen man regelmäßig in belastenden Situationen oder mit schwer belasteten Klient_innen arbeitet, kann man sehr gut das Instrument der „Psychohygienerunden" installieren. Wenn man das Prinzip gut verstanden hat und sich wirklich alle an die Regeln halten, kann diese Intervention einen erheblichen Entlastungsfaktor darstellen.

Die Idee ist die, dass man die zwangsläufig entstehenden Emotionen im Arbeitskontext durch Verbalisierung aktiviert und gleichzeitig abfließen lässt. Es macht Sinn, diese Runde in einem festen Turnus, z. B. monatlich, verbindlich einzuplanen. Bei sehr kleinen Teams bis ungefähr vier bis fünf Personen mag eine halbe Stunde ausreichen, bis ca. acht Personen eine Stunde und bei größeren Teams ca. 90 Minuten.

Alle Teilnehmer_innen nehmen sich in Stille einen Augenblick Zeit, um ganzheitlich in dem Moment anzukommen. Dazu ist es hilfreich, den eigenen Atem ohne jede Manipulation ein paar Atemzüge lang wahrzunehmen und den Körper von den Füßen aufwärts bis zum Kopf sukzessive bewusst zu spüren. Danach fühlt man in sich hinein, welche Emotionen gerade präsent sind. Eine Person fängt an und thematisiert bzw. artikuliert diese Emotion. Das kann in der Gestalt passieren wie „Ich fühle gerade, dass mich das Gespräch, was für heute Nachmittag ansteht, stresst, weil meine Klientin mich immer so zuschüttet mit ihrem Leid." „Die Geschichte des Herrn YZ, den ich jede Woche in der Beratung habe, belastet mich, weil es mich antriggert und an meine eigene frühere Situation erinnert." Oder auch allgemein wie „Die momentane Situation, wo so Vieles ansteht, macht mich völlig fertig. Ich sehne mich danach, dass wir die Berichte/Anträge/was auch immer endlich abgeben und ich endlich einen freieren Kopf für meine anderen Aufgaben habe". Man redet, dann nachdem man eine Emotion verbalisiert hat, schweigt man, fühlt in sich hinein, schaut, ob weitere Emotionen vorhanden sind, thematisiert dann diese usw., bis beim Hineinspüren nichts Unartikuliertes mehr kommt. Abschließend kann man noch hinzufügen, wie man sich jetzt, da man all diese Emotionen ausgedrückt hat, fühlt.

Was sehr wichtig ist: es wird seitens des Teams *nichts* kommentiert, es sei denn, es gibt eine spezifische Bitte um Feedback seitens der_des Kolleg_in an der Reihe. Das findet reihum statt, bis alle etwas gesagt haben. „Nur wer will" funktioniert in diesem Setting meistens nicht, weil sich dann nur wenige trauen oder gar niemand. Außerdem ist es wichtig, dass man dieses Thematisieren als Entlastung begreift und nicht als ein „Suhlen in der Schwere des Seins". Das bedeutet, man sagt es nicht, um zu dokumentieren, „wie schlimm alles ist", sondern sehr bewusst, damit man es sich „von der Seele redet".

Nach der Runde kann es sehr hilfreich sein, gemeinsam aufzustehen und sich einen Moment lang zu bewegen, zu schütteln, buchstäblich die Belastung „abzuschütteln", ruhig mit ein paar Tönen dabei. Eine weitere Abschlussmöglichkeit ist eine kurze Runde, eine sogenannte Blitzlichtrunde mit etwas Positivem wie „was werde ich heute Abend Schönes machen", „Ich freue mich auf …" oder „Ich wünsche mir …".

Zum Abschluss dieses Vorschlages noch ein Tipp: bei diesen Runden, wie aber auch bei jeder Teamsitzung, Supervision etc., wo alle Teammitglieder zusammenkommen: nehmen Sie sich einen Augenblick Zeit, um eine Mitte zu gestalten. Eine Vase mit Blumen, ein buntes Tuch, etwas Natürliches wie ein paar schöne Steine, ein paar Blätter, Moos, Flechten oder was auch immer eignen sich hierfür wunderbar. Auf jeden Fall sollte die Mitte eine Kerze beinhalten, die zu Beginn der Runde angezündet und nach Abschluss wieder gelöscht wird. Dieser kleine Akt der gemeinsamen Selbstfürsorge oder -achtsamkeit sollte auch in Teams, die sich als eher schnörkellos oder „cool" empfinden, nicht unterschätzt werden. Probieren Sie es ein paar Mal aus und werten es dann aus. Wir sind sicher, Sie werden einen signifikanten Unterschied merken.

Supervision

Wir erwähnen an mehreren Stellen Supervision als eine Ressource und Instrument der Klärung und somit mittelbar der Selbstfürsorge. Wir wollen im Folgenden einen kurzen Überblick darüber geben, was Supervision ist und was sie leisten kann, genauso was sie nicht leisten kann.

Supervision ist ein extern begleiteter Reflexionsraum. Das bedeutet, dass man sich einiges reflektierend anschauen kann: sich selbst, das Team und seine Beziehungen untereinander und in der größeren Struktur oder auch einzelne Fälle. Entwicklungs- und Visionsfindungsprozesse haben ebenfalls Platz darin.

Dadurch, dass es sich gewissermaßen um einen „absichtslosen Raum" seitens der_des Supervisor_in handelt, kann man sagen, man bekommt aus Supervision genau so viel raus, wie man hinein gibt. Das bedeutet, wenn man sich nicht öffnet, sei es in den eigenen Unsicherheiten, Fragen oder Selbstoffenbarungen, wird Supervision wenig bringen. Wenn das Team sich untereinander und der_dem Supervisor_in vertraut, kann es ein sehr wichtiger, tiefer und tiefender Raum sein. Tut man das nicht, kann schwerlich ein sinnvoller Prozess zustande kommen. Es gibt wenig Anstrengenderes für alle Beteiligten als eine Art „Pseudosupervision". Man traut einander nicht, hält also die inneren Schutzmauern hoch und muss gleichzeitig den Eindruck von Vertrauen und Selbstoffenbarung erwecken, oft, damit man nicht als „prozessunwillig" gilt. Wenn man in einer solchen Situation dennoch weiterkommen will, muss im Team erörtert werden, was man bräuchte, um dieses nötige Maß an „Eingangsvertrauen" aufzubringen. Die Probleme liegen in solchen Fällen oft im Verhältnis zur Leitung oder in der bereits erwähnten Teamkultur. Wenn z. B. das Team eines Jugendamtes nach der Supervision zur Leitung zitiert und intensiv befragt wird, warum man dort Dieses und Jenes gesagt habe (so tatsächlich selbst erlebt), kann das natürlich nicht funktionieren.

Eine oberste Regel der Supervision ist die Schweigepflicht, eine andere, dass man wegen getätigter Aussagen keine offenen oder verdeckten Sanktionen befürchten muss, sei es seitens der Leitung oder des Teams.

Man unterscheidet üblicherweise drei Supervisionsformate: Teamsupervision, Fallsupervision und Einzelsupervision.

Teamsupervision

In diesem Supervisionsformat trifft das gesamte Team in regelmäßigen Abständen von meistens vier bis sechs Wochen zusammen Normalerweise nimmt die Teamleitung nicht teil, es sei denn, sie ist von der alltäglichen Tätigkeit her genauso eingebunden wie die anderen Mitarbeiter_innen oder es sollen explizit Fragen mit Bezug zur Leitung besprochen werden. Das Team selbst steht dabei im Fokus. Manifeste Konflikte und unterschwellige Spannungen, strukturelle Fragen des Positionierens oder Reagierens in den größeren Strukturen des Trägers oder der teamrelevanten psychosozialen Landschaft können hier behandelt werden. Eine Reflexion der Teamkultur sowie das Entwickeln derselben haben hier ebenfalls Platz. Kleinere Teambuildingmaßnahmen bei „jungen" oder entstehenden Teams können während dieser Zeit durchgeführt werden, für entstehende Teams empfehlen sich hierzu jedoch zusätzliche Formate wie halb-, ganz- oder mehrtägige Klausurtagungen. Das Gleiche gilt auch für Visionssuchen oder krisenhafte Umbruchsituationen. Teamsupervision sollte sich, damit es sich um Reflexion handelt, auf einer Metaebene bewegen, das heißt z. B., man kann über Schwierigkeiten im Team bei der Erstellung des

Dienstplanes diskutieren, man sollte jedoch keinen Dienstplan oder Ähnliches selbst konkret in diesem Raum erarbeiten.

Fallsupervision

Bei der Fallsupervision können unter der fachkundigen Begleitung der_des Supervisor_in Fälle mit unterschiedlichen Fragestellungen betrachtet werden. In den meisten Fällen geht es hierbei um ein getieftes Verstehen des „Falles", also einer_eines Klient_in oder einer Gruppe von Klient_innen und deren Dynamiken. Zweck ist hierbei in der Regel das Reflektieren des eigenen Handelns und/oder das Finden/Erarbeiten neuer Zugangswege und Lösungsmöglichkeiten für diese_diesen Klient_in. Dabei gilt, je präziser die Frage, desto präziser die Antwortmöglichkeit.

Einzelsupervision

Dieses Supervisionsformat dient der Reflexion und dem Aufbau der fachlichen Rolle der_des Supervisand_in. Es findet oft dort Anwendung, wo die Mitarbeiter_innen nicht primär als Team funktionieren müssen, sondern selbständig und in hoher fachlicher Kompetenz in ihrem Arbeitsalltag agieren können müssen. Einzelsupervision kann entweder, ähnlich wie Teamsupervision, in einem festen Turnus stattfinden, oder bei Bedarf angefordert werden.

Intervision und kollegiale Fallberatung

Wenn Sie inhaltlich mit verzwickten Fällen, komplizierten Situationen und Rahmenbedingungen zu tun haben, ist es manchmal schwer, den Überblick zu wahren und den richtigen Weg zu erkennen. Das kann verunsichern und entsprechend zu einem Gefühl von Überforderung und Belastung führen. (Fall-) Supervision und fachliche Beratung sind entsprechend nicht nur eine Maßnahme zur Qualitätssicherung Ihrer Arbeit, sondern genauso zum Schutz vor eigenen Belastungen. Aber auch zwischen den Supervisionssitzungen, regelmäßig sowie bei besonderen, akuten Fragestellungen, können Sie sich im Team gegenseitig unterstützen.

Intervision bedeutet, dass Sie innerhalb des Teams oder gemeinsam mit Kolleg_innen anderer Einrichtungen, die mit ähnlichen Zielgruppen oder an ähnlichen Fragestellungen arbeiten, gemeinsam Arbeitsthemen oder Fällen reflektieren. Die Intervisionssitzungen werden nicht von einem_einer externen

Supervisor_in geleitet werden, sondern von den Teilnehmer_innen selbst strukturiert. Hier kann es hilfreich sein, zu Anfang der Sitzung zu vereinbaren, wer moderiert, wer auf die Zeit achtet …

Die interkollegiale Fallberatung ist eine Möglichkeit, in strukturierter, wertschätzender und ressourcenorientierter Form gemeinsam Fälle oder akute Fragen aus dem Arbeitsalltag zu besprechen. Diese Methode funktioniert in Gruppen bis zu ungefähr zehn Teilnehmer_innen. So können sich Kolleg_innen gegenseitig unterstützen und jede Fallvorsteller_in gibt dem Team eine gemeinsame Lernmöglichkeit. Das Team bietet Reflexionen und Anregungen in Bezug auf das vorgestellte Anliegen. Voraussetzung ist eine wertschätzende Haltung, jede Idee hat Bedeutung.

Eine interkollegiale Fallberatung kann folgendermaßen ablaufen:

1. Eingangsrunde und Fall-Auswahl

In einer Eingangsrunde berichten alle Kolleg_innen, wie es Ihnen geht, ob Sie einen Fall besprechen möchten und, wenn das so ist, benennen sie kurz ihr Anliegen. Das Team entscheidet im Anschluss an die Runde gemeinsam, welcher Fall in der heutigen Sitzung besprochen werden soll oder legt eine Reihenfolge der zu besprechenden Fälle fest. Kriterien zur Entscheidung kann die Dringlichkeit des Anliegens, die emotionale Aufladung (der Leidensdruck bei der Fallvorsteller_in), die Gerechtigkeit (wer war in den vergangenen Sitzungen noch nicht an der Reihe mit einer Fallvorstellung) sein und ergibt sich in der Regel spontan und fließend.

2. Fallvorstellung und Interview

Der_die ausgewählte Fallvorsteller_in wählt aus der Gruppe eine_n Interviewer_in. Zunächst schildert sie den Fall frei. Im Anschluss stellt die Interviewer_in präzisierende Nachfragen zum Fall und das damit verbundene Anliegen. Das Team hört zu und erhält einen ersten Eindruck.

3. Informationsphase

Das Team hat jetzt Gelegenheit Informations- oder Verständnisfragen direkt an die Fallvorsteller_in zu stellen. Hierbei geht es um Fragen zur „Faktenlage", weitere Hintergrundinformationen, die dazu dienen, den Fall zu verstehen, also nicht um persönliche Einschätzungen oder Interpretationen.

Nach der Informationsphase kann und soll sich die Fallvorsteller_in zurücklehnen, zuhören und „die anderen für sich arbeiten lassen". Die Interviewer_in leitet und strukturiert die folgenden Runden.

4. Reflexionsschleifen
Es gibt verschiedene Möglichkeiten zu Reflexionsschleifen, je nach Bedarf und Situation wählt die Interviewer_in davon einige aus, zu denen sie die Gruppe einlädt.

Schlüsselfrage (er-)finden. Manchmal ist es für die Fallvorsteller_in schwierig zu dem Fall, der sie beschäftigt, eine konkrete Frage oder ein Anliegen zu formulieren. Das Team sammelt Ideen, um welche (Schlüssel-)Frage es geht. Hierbei kommt es nicht auf die „richtige" Frage oder Antwort an, sondern darum, der Fallvorsteller_in möglichst viele unterschiedliche Möglichkeiten und somit Perspektiven anzubieten. Die Fallvorsteller_in wählt im Anschluss aus den Vorschlägen den oder diejenigen aus, die ihr am passendsten erscheinen.

Spontane Eindrücke. Jedes Teammitglied stellt der Fallvorsteller_in die spontanen Eindrücke, Empfindungen oder Assoziationen, die während der Interviewphase entstanden sind, zur Verfügung. Das können auch Körpergefühle oder innere Bilder sein (z. B. „Ich fühle mich ganz schwer und dunkel", „Ich sehe ein gehetztes Reh vor mir" …). Dabei soll noch keine direkte Verbindung zum Anliegen oder Antwort auf die Frage der Fallvorsteller_in hergestellt werden.

Positive Umdeutung des Problemverhaltens des vorgestellten Falls. Jedes Teammitglied entwickelt Ideen, welche „Lösungsversuche im Problemverhalten" enthalten sein könnten, welche Ressourcen darin verborgen sind. Mögliche andere und öffnende Sichtweisen sind gefragt …

Verstärkung der Ressourcen der Fallvorsteller_in. In dieser Runde geben die Teammitglieder bewusst positive Rückmeldungen an die Fallvorsteller_in über ihr bisheriges Vorgehen. Was hat sie gut gemacht, was erscheint hilfreich? Was ist gar nicht „selbstverständlich", sondern eine persönliche Stärke und Leistung".

Was kenne ich? (Sharing). In dieser Runde teilen alle Teammitglieder ihre Erfahrungen und Umgang mit dem geschilderten Fall bzw. Anliegen, welche ähnlichen Situationen und Fragen sie kennen.

Lösungsvorschläge. Diese Runde kann, aber muss nicht unbedingt stattfinden. Oft ist es bereits hilfreich zu einem Fall eine veränderte oder erweiterte Perspektive zu bekommen, durch die ein tieferes Verständnis und andere Herangehensweisen entstehen. Lösungsvorschläge können die Gefahr der „Besserwisserei" beinhalten („Aber das musst du doch so und so machen!"). In einer konstruktiven, wertschätzenden Atmosphäre, bei der es klar ist, dass es nicht die eine richtige Antwort und Lösung gibt, können verschiedene Lösungsvorschläge die weitere Arbeit sehr unterstützen.

5. Auswertung durch die Fallvorsteller_in

Während der Reflexionsschleifen hat die Fallvorsteller_in nur zugehört, nicht kommentiert, die Ideen und Beiträge der Teilnehmer_innen auf sich wirken lassen. Nun holt die Interviewer_in sie_ihn für ein Schlusswort wieder ins Boot. Die Fallvorsteller_in berichtet, welche Beiträge sie besonders angesprochen oder berührt haben, welche Anregungen ihr hilfreich erscheinen oder sie umsetzen möchte.

Damit die einzelnen Runden nicht „ausufern" und der Fall in der zur Verfügung stehenden Zeit besprochen werden kann, ist es sinnvoll, vorher einen Zeitrahmen festzulegen. Wenn z. B. für eine interkollegiale Fallberatung 45 Minuten zur Verfügung stehen, könnte dieser folgendermaßen aussehen: Runde und Fallauswahl 10 Minuten, Fallvorstellung und Interview 10 Minuten, Informationsphase 5 Minuten, Reflexionsschleifen 15 Minuten, Auswertung 5 Minuten. Dabei ist es hilfreich, wenn ein_e Teilnehmer_in sich dafür verantwortlich fühlt, auf die Zeit zu achten. Dieser Part könnte ebenfalls von der Interviewer_in übernommen werden, aber nicht von der Fallvorsteller_in, damit diese sich ganz auf die Inhalte konzentrieren kann.

Interkollegiale Unterstützung und Fortbildung bei herausfordernden Themen

Häufig sind herausfordernde oder auch tendenziell überfordernde Situationen dem jeweiligen Arbeitsfeld innewohnend. Entsprechend ist es sinnvoll, innerhalb eines Teams die spezifischen Themen zu identifizieren, mit denen Sie regelmäßig in Ihrem Arbeitsfeld konfrontiert sind und bei denen es wichtig ist, sich (kollegiale und fachliche) Unterstützung zu suchen. Themen, die für die Betroffenen existenziell bedrohliche Auswirkungen haben können, wie akute Suizidalität oder drohende Abschiebung, sind ohne entsprechende Fachkenntnisse und Erfahrung nicht alleine zu handhaben. Oder Klient_innen, die an psychischen Erkrankungen aus dem psychotischen Formenkreis leiden, werden möglicherweise als schwer einschätzbar in ihren Reaktionen erlebt. Wenn solche Herausforderungen nicht individuell und spontan bewältigt werden müssen (möglicherweise auch noch unterlegt mit dem Gefühl des „Ungenügend-Seins“ aufgrund der eigenen Verunsicherung), sondern es im Vorfeld Absprachen gibt, dass bei bestimmten Themen Kolleg_innen oder die Leitung hinzugezogen werden können, gibt es Sicherheit, die entlastet. Und eine gemeinsame Identifizierung dieser Themen schließt natürlich nicht aus, dass sich im Arbeitsalltag weitere Situationen ergeben, die eine kollegiale Unterstützung erfordern.

Wenn das Team regelmäßig mit bestimmten, möglicherweise überfordernden oder verunsichernden Themen umgehen muss, bietet es sich an, Fortbildung dazu zu organisieren. Inhouse-Schulungen z. B. zum Thema Trauma, Diversity oder Deeskalationtraining – was auch immer in Ihrem Arbeitsbereich relevant ist – stärken die Kompetenz und Sicherheit des gesamten Teams.

3.6 Durch den Tagesverlauf

Wenn wir volle Arbeitstage haben, in hoher Taktung viele Menschen sehen und vielfältige Aufgaben zu erledigen haben, ist es schwer, gut „geerdet“, bei uns zu bleiben. Es geht darum, bewusste Strategien zu entwickeln, wie wir im Laufe des Tages immer wieder innehalten und zu uns zurückkommen können.

Was hilft Ihnen, gut durch den Arbeitstag zu kommen?
Was hilft Ihnen, einen vollen Arbeitstag gut durchzustehen?
Womit machen Sie gute Erfahrungen?

Ihre Notizen:

Sequenzieren statt parallelisieren

Wir sind nicht multitaskingfähig. Es kursieren ja Sprüche, die besagen, dass bestimmte Gruppen (z. B. Männer oder Frauen) nicht multitaskingfähig seien, was impliziert, dass andere Gruppen es doch sind. Wir sind es alle nicht. Wir haben ein begrenztes Maß an Bewusstseinsfokus, an Aufmerksamkeit. Natürlich können Sie Emails lesen und gleichzeitig telefonieren, auf dem Handy daddeln und gleichzeitig Fragen beantworten, doch wenn man es genauer betrachtet, sind Sie pro Moment entweder mit dem Lesen oder dem Hören oder dem Sprechen beschäftigt. Sie legen zwei oder mehrere Tätigkeiten übereinander und springen dann in kleinen oder kleinsten Zeitabständen mit Ihrer Aufmerksamkeit zwischen ihnen hin und her. Das ist für Ihr Gehirn enorm anstrengend. Viel anstrengender, als wenn man die Aufgaben hintereinander erledigen würde. Und wenn man Sie nach dem Telefongespräch mit parallelem Maillesen und zwischendurch Fragen der Kollegin beantworten nach den jeweiligen Inhalten fragen würde, wäre es wahrscheinlich so, dass Sie alles nicht so gut wiedergeben könnten. Es findet dann eine partielle Verarbeitung statt. Wir funktionieren an der Stelle nicht viel anders als ein Computer, der auch mit jeder geöffneten Datei langsamer wird und irgendwann abstürzt. Doch ist dieser eine Maschine, die akribisch Bit für Bit verarbeitet. Das sind wir nicht. Darum lautet unsere Devise: Sequenzieren statt Parallelisieren. Oder mit anderen Worten: tun Sie die Dinge nacheinander statt gleichzeitig.

Meist ist uns gar nicht bewusst, wie viele „Dateien" wir gleichzeitig offen haben. Jede Sache, an die man denken muss, ist eine solche offene Datei. Jedes „ich muss noch daran denken, XY anzurufen", oder später den Müll rauszustellen, holt einen Teil Ihrer Verarbeitungskapazität aus dem Moment. Der fehlt Ihnen für Ihre gegenwärtige Aufgabe. Und je mehr solcher „Luftballons" man am Faden halten muss, um sie später irgendwann (manchmal Wochen später) zu bearbeiten, desto größer die Wahrscheinlichkeit, dass manche davon wegfliegen. Darum auch nochmal die „zuverlässigen Helfer", Listen auf dem Medium Ihrer Wahl (siehe Kapitel „realistische To-do-Listen"), die dieses Halten der vielen Luftballons völlig energiefrei für Sie erledigen. Das Einzige, woran Sie dann noch denken müssen, ist, in regelmäßigen Abständen ihre Helfer zu Rate zu ziehen.

Fazit: Die zuverlässigste und mit Abstand energie-effektivste Art zu arbeiten ist: tun Sie nie mehr als eine Sache auf einmal, und tun Sie sie ganz. Dazu gleich mehr. Dass Multitasking in irgendeiner Weise effektiver ist, ist schlicht Illusion. Überprüfen Sie es.

Übergänge schaffen

Direkt damit verbunden ist ein anderer Umstand. Vielleicht kennen Sie solche Situationen. Sie sind in einem Gespräch, einem Telefonat, beim Spülen, und Sie realisieren, dass Sie bald fertig sind. Von alleine öffnet sich bei ca. 90 %

Vollendung die nächste „Datei" in Ihrem Kopf, was denn als Nächstes dran ist. Ihre Aufmerksamkeit wandert, während Sie noch in eine Handlung involviert sind, zu der nächsten. Aus der Perspektive des „Energiemanagements" ist das ebenso ungünstig. Um von Handlung A zu Handlung B zu kommen, ist es wichtig, Handlung A, wie bereits skizziert, möglichst ohne andere „Online-Dateien" in Ihrem Kopf zu Ende zu führen, *bewusst abzuschließen*. Dann nehmen Sie sich bitte einen kurzen Moment des Innehaltens, bestenfalls ca. fünf Minuten, mindestens jedoch drei Atemzüge lang. Gewahren Sie, dass diese eine Handlung beendet ist. „So, fertig". Spüren Sie einen Moment in sich hinein, wie das Beendete war. Nicht analysieren, nicht bewerten, einfach spüren. So verbinden Sie sich wieder mit Ihrem Körper und so kommt es auch bei ihm an, dass diese Handlungssequenz abgeschlossen ist. Diese Momente des Gewahrens des Geschafften, des Erledigten ist das, was Ihnen nach einem Arbeitstag die Befriedigung auf eine ganzheitliche Weise vermittelt. Tun Sie das nicht, ist die Wahrscheinlichkeit recht groß, dass Sie abends mit einem Gefühl des „dauerhaft Nicht-hinterher-Kommens" nach Hause gehen, einem Gefühl der Sisyphus-Arbeit. Dies verstärkt sich gegenseitig negativ mit dem Umstand, nie 100 Prozent geschafft zu haben. Man muss bewusst gewahren, sich Zeit dafür nehmen, um zu realisieren, was man alles geschafft hat. Das tut man nicht, wenn man die Dinge im überlappenden Übergang erledigt.

Pausen

Immer wieder kommt es vor, dass uns total gestresste Fachkräfte in der Supervision erzählen, dass sie einfach keine Zeit haben, Pausen zu machen, dass sie vor dem Computer oder gar nicht essen … Wenn Sie über längere Zeit so mit ihrem Körper und Gehirn umgehen, ist es kein Wunder, wenn Sie sich mehr und mehr dem „dunkelroten Bereich" und einem Burnout nähern. Ohne Pause zu arbeiten macht Sie nicht produktiver! Ihr Körper braucht Nahrung, Luft und Bewegung. Ihr Gehirn braucht Ruhepausen, um Erfahrungen zu verarbeiten.

Also: Gönnen Sie sich Pausen! Machen Sie einmal am Tag (bei den meisten wird das mittags sein) eine „richtige", lange Pause, in der Sie nach Möglichkeit Ihre direkte Arbeitsumgebung verlassen. Sorgen Sie dafür, dass Sie etwas Bewegung bekommen – vielleicht ein Spaziergang ums Haus? Vielleicht verbunden mit einer Haltung von Achtsamkeit (s. o. „den Weg nutzen"). Essen Sie etwas Vernünftiges! Und so schön gemeinsame Mittagspausen mit den Kolleg_innen sein können: Achten Sie darauf, dass die Gespräche sich dann nicht die ganze Zeit um die Arbeit drehen. Gönnen Sie Ihrem Kopf wirklich eine Pause!

Und gönnen Sie sich auch, mal alleine in die Pause zu gehen, wenn Sie merken, dass Sie mal „zu sich kommen" müssen, wenn Sie auch Pause von sozialen Kontakten und Gesprächen brauchen.

Und gönnen Sie sich außer der „langen Pause" nach Möglichkeit auch zwischendurch kürzere Pausen – regelmäßig oder wenn Sie einen Arbeitsschritt abgeschlossen haben, zwischen längeren Klient_innenterminen oder wenn Sie merken, dass Sie sich nicht mehr konzentrieren können … Sie werden wahrscheinlich merken, dass Sie mit ausreichend Pausen insgesamt nicht weniger, sondern eher mehr schaffen, weil Ihr Organismus sich dann erfrischt und mit neuer Energie der Aufgabe wieder zuwenden kann. Das klingt banal? Stimmt. Umso überraschender, dass viele Kolleg_innen das *nicht* tun. Falls Sie dazu gehören, und falls Sie sich gestresst und überlastet fühlen – probieren Sie es eine Zeitlang aus, bewusst Pausen zu machen. Wir haben die Erfahrung gemacht, dass es für Supervisand_innen meist doch nicht unmöglich war, sich Pausenzeiten einzurichten und dass es ihnen nach einer Weile tatsächlich besser ging.

Raum für Gefühle

Wenn wir mit Menschen arbeiten, entstehen in uns zwangsläufig Gefühle. Das können positive Gefühle sein (Freude über eine gute Entwicklung, Berührtsein über entstandenes Vertrauen …), aber durchaus auch negative – sei es, weil wir durch die oben beschriebenen Spiegelneuronentätigkeit Anspannungen, Wut und Ängste unserer Klient_innen aufnehmen, aber auch, weil in der Arbeit selbst unmittelbar anstrengende Situationen oder Konflikte entstehen. Damit sich diese negativen Gefühle nicht „aufstauen" ist es gut, wenn sie nicht abgespalten, sondern gefühlt werden und so zeitnah wieder abfließen können.

Auf der Basis einer generell respektvollen und wertschätzenden Haltung gegenüber den Klientinnen und Klienten, brauchen auch die negativen Gefühle ihnen gegenüber, die in einem stressigen Arbeitsalltag zwangsläufig manchmal entstehen, einen gewissen Raum. Es geht nicht darum, sich übellaunig gehen zu lassen, über Klient_innen zu „lästern“ oder ihre Belastungen zynisch abzuwerten, aber sich auch mal ein negatives Gefühl zuzugestehen, nach einem anstrengenden Klient_innenkontakt ein „Was geht *der* mir heute auf den Geist!“ gegenüber der Kollegin, kann entlasten und wieder Raum schaffen.

Humor kann eine wertvolle Bewältigungsstrategie sein. Er gilt als eine der reifsten Bewältigungsstrategien überhaupt. Es kann so befreiend sein, wenn man zwischendurch über sich und seine Fehler, Anspannungen und/oder Befürchtungen einmal herzlich lacht. Manchmal ist es auch möglich, gemeinsam mit den Klientinnen und Klienten über Situationen und Hindernisse zu lachen. Wenn nicht über sie, sondern mit ihnen gelacht wird, kann das Lachen befreiend sein und Spannungen lösen. Es bringt Leichtigkeit in schwere Situationen. Dabei ist es jedoch wichtig, dass Humor sich nicht zynisch als Ironie zeigt, denn das verhärtet eher die Belastung, anstatt sie aufzuweichen.

Und manchmal sind Situationen mit Klientinnen und Klienten einfach berührend. Wenn Berührtsein, Rührung, Trauer etc. da sein dürfen, können Sie fließen.

Besonderheiten beim Arbeiten Zuhause

In der Corona-Krise haben viele Kolleg_innen in Sozialen Berufen erstmals Erfahrungen mit digitalisiertem Arbeiten Zuhause machen können. Um auch unter solchen Ausnahmebedingungen eine gute Selbstfürsorge aufrecht erhalten zu können, ist es sinnvoll, den Besonderheiten dieser Arbeitsform Rechnung zu tragen. Wir verwenden in diesem Zusammenhang nicht den Begriff „Home Office“, der offiziell bezeichnet, dass ausschließlich von zuhause aus gearbeitet wird und der Arbeitgeber für die Einrichtung dieses Arbeitsplatzes zuständig ist und entsprechend auch bestimmte Arbeitsschutzregeln einhalten, einen ergonomischen Stuhl bereitstellen muss etc.

Klarer Arbeitsplatz: Wenn die Arbeit in der eigenen Wohnung stattfindet, ist es schwieriger, nach Feierabend oder in den Pausen Abstand zu bekommen. Wenn man gerade noch auf dem Sofa, am Küchentisch oder gar im Bett Berichte geschrieben oder mit Klient_innen kommuniziert hat, sind die Themen weiterhin an diesen Orten, in den eigenen Räumen präsent. Um diese Vermischung von Arbeit und Privatleben etwas zu entzerren und sich besser distanzieren zu können, ist es hilfreich, sich innerhalb der eigenen Wohnung einen klar definierten Arbeitsplatz einzurichten, der tatsächlich nur der Arbeit dient und danach bewusst verlassen werden kann. Falls Sie ohnehin ein Arbeitszimmer haben, das Sie nutzen können, wunderbar. Falls nicht: richten Sie sich eine bestimmte Arbeitsecke, einen Schreibtisch, einen Arbeitsort ein, den Sie wirklich nur für die Arbeit nutzen können. Und falls die räumlichen Gegebenheiten auch das nicht hergeben und Sie „Mehrzwecktische“ nutzen müssen: Definieren Sie den Arbeitsplatz durch bewusstes Einrichten und Abräumen. Zum Beispiel: Klappen Sie nicht den Laptop zwischen dem unabgeräumten Frühstücksgeschirr auf, machen Sie nicht ihre Mittagspause am gleichen Tisch zwischen Ihren Arbeitspapieren. Räumen Sie den Tisch nach dem Frühstück leer, markieren Sie ihn symbolisch als „Arbeitsplatz“, indem Sie z. B. eine bestimmte Unterlage auflegen, ihre Arbeitsmaterialien ausbreiten und räumen Sie diese zum Feierabend vollständig wieder ab. Belegen Sie nicht Ihre gesamte Wohnung mit Arbeitsthemen, begeben Sie sich zum Schreiben, für Telefonate und Videokonferenzen an den Arbeitsplatz. Vollziehen Sie das Einrichten und Abräumen des Arbeitsplatzes bewusst und „rituell“ um in den Arbeits- bzw. Privatmodus zu wechseln.

Arbeitskleidung: Auch die Kleidung kann helfen, in den Arbeitsmodus herein- und wieder herauszukommen. Auch wenn es vielleicht bequem ist, den ganzen Tag im gleichen Jogginganzug zu verbringen, fällt das Umschalten so möglicherweise schwerer. Sie können auch beim Arbeiten Zuhause die Kleidung als Symbolisierung nutzen (siehe Kapitel 3.2) und nach Feierabend die Arbeitskleidung, -uhr, -brosche o. ä. „rituell“ zusammen mit der beruflichen Rolle ablegen.

Klare Arbeitszeiten: Zuhause zu arbeiten kann dazu verführen, den Arbeitsbeginn hinauszuschieben, erstmal oder zwischendurch andere Dinge zu erledigen – mit dem Ergebnis, dass sich Arbeitsaufgaben in die Länge ziehen, dass Sie ebenso wenig einen klaren Arbeitsbeginn wie einen klaren Feierabend schaffen. Damit Arbeits- und Privatleben sich nicht zeitlich vermischen („ich arbeite nicht so richtig, obwohl ich eigentlich müsste und dann habe ich nicht so richtig frei, obwohl ich es eigentlich haben sollte“) ist es hilfreich, sich klare Arbeitszeiten zu setzen, an denen Sie dann tatsächlich nur Ihre Arbeitsaufgaben abarbeiten und dann aber auch einen klaren Endpunkt setzen, ab dem Sie auch wirklich frei haben bis zum nächsten Dienst. Wenn Ihre Arbeitszeiten beim Arbeiten Zuhause nicht festgelegt sind, kann es hilfreich sein, sich einen eigenen (Wochen-)Plan zu machen.

Pausenzeiten: Noch etwas, was in den eigenen Räumen, ohne gemeinsame Zeiten mit Kolleg_innen schwerer fallen kann. Dennoch: auch beim Arbeiten Zuhause brauchen Ihr Körper und Ihr Gehirn Erholungspausen. Hier gilt das Gleiche wie oben: Machen Sie richtige Pausen, gönnen Sie sich angemessene Nahrung und Bewegung, verlassen Sie auch mal den Arbeitsplatz für eine Runde um den Block etc.

Abstand gewinnen: wenn Sie in Ihren eigenen vier Wänden arbeiten, kann es schwieriger sein, Abstand zu den Themen ihrer Arbeit zu gewinnen, da Sie dazu nicht den Weg von Ihrer Arbeitsstelle nachhause nutzen können. Hier gilt es, andere Formen zu finden, um den Übergang und den Neubeginn zu markieren. Experimentieren Sie mit Techniken, die zu Ihnen und Ihrer Situation passen. Vielleicht tut es Ihnen gut, nach Feierabend zunächst einmal einen Moment an die frische Luft zu gehen oder sich eine Weile auf das Bett zu legen, die Augen zu schließen oder in den Himmel zu blicken und den vorüberziehenden Wolken zuzusehen, einen Moment zu meditieren oder Yoga zu machen – was immer auch Ihnen dienlich ist, um in einen anderen inneren Zustand zu kommen.

Keine ständige Erreichbarkeit: Wenn Sie von zuhause aus arbeiten, bedeutet das nicht, dass Sie rund um die Uhr arbeiten und ständig verfügbar sind. Definieren Sie Zeiten, zu denen Sie erreichbar sind und wann Sie das Diensthandy ausschalten und Mails nicht mehr lesen. Wenn jederzeit Arbeitsaufgaben hereintrudeln könnten, können Sie schwer abschalten.

Ausgleich für digitales Arbeiten: Soziale Berufe leben von der direkten, lebendigen Begegnung mit Menschen. Menschen nicht mehr leibhaftig, sondern in Videokonferenzen zu treffen oder nur noch ihre Stimme zu hören, ist zwar besser als nichts, beraubt Sie aber vieler Sinnesqualitäten. Die Begegnung findet nicht mehr ganzheitlich statt, sondern „zweidimensional". Und das ist anstrengend! Ein Gruppentreffen zu leiten, wenn die Teilnehmer_innen nur in Briefmarkengröße auf dem Bildschirm oder ob deren ausgeschalteter Kamera gar nicht zu sehen sind, Inhalte zu vermitteln und die Aufmerksamkeit der Gruppe zu behalten, ohne dass unmittelbares, auch nonverbales Feedback kommt, kostet viel Energie. Auch virtuelle Teamsitzungen, bei denen alle gleichzeitig reden oder schweigen, bei denen Tagesordnungspunkte abgearbeitet werden, aber der nette Plausch am Rande mit den Kolleg_innen wegfällt, sind oft ermüdender und weniger befriedigend. Und diese zweidimensionale

Arbeitsform „entkörperlicht“, ist unausgewogen. Sorgen Sie für Ausgleich! Sorgen Sie dafür, wieder in den Körper zu kommen. Und nach langen, anstrengenden digitalen Arbeitseinsätzen wird dies nicht von einer Minute auf die andere funktionieren, sondern eine Weile brauchen. Stehen Sie auf, dehnen und strecken, bewegen Sie sich. Wenn Sie die Möglichkeit haben, gehen Sie vielleicht einem Moment ins Freie oder machen ein paar Yoga-Übungen. Tun Sie Dinge, die Ihnen helfen, Ihren Körper wieder ganz zu spüren.

3.7 Feierabend: Abschließen und Abstand gewinnen

Wie schließen Sie den Arbeitstag gut ab?
Was hilft Ihnen, Abstand zu belastenden Arbeitsthemen zu bekommen?

Ihre Notizen:

Hier möchten wir Ihnen einige Strategien und Übungen vorstellen, die helfen können, den Arbeitstag abzuschließen und Belastungen nicht mit ins Privatleben zu nehmen.

Nachspüren und Auswerten

Nehmen Sie sich zum Abschluss oder Feierabend bewusst einen Moment Zeit, dem Arbeitstag „nachzuspüren". Dies können Sie z. B. tun, indem Sie noch einen Moment an Ihrem Platz sitzen und den Tag in Gedanken Revue passieren lassen. Wie ist es gelaufen? Was haben Sie erfahren, auch über sich selbst? Aus welchen Fehlern möchten Sie lernen? Gibt es etwas, was Sie morgen anders machen möchten?

Schauen Sie nicht nur darauf, was vielleicht schwierig oder belastend war. Rufen Sie sich vor allem auch die guten Momente ins Bewusstsein. Was hat gut geklappt? Was haben Sie geschafft? Und vor allem: wofür sind Sie dankbar? Dankbarkeit, Anerkennung des Guten, das uns wiederfährt, ist eine wichtige Ressource und Kraftquelle. Wenn wir bewusst unsere Aufmerksamkeit darauf richten, wird uns mit der Zeit immer mehr Positives auffallen. Das muss nichts Großartiges sein. Achten Sie vor allem auch auf die kleinen, einfachen Dinge – sie prägen unser Alltagsleben weit mehr als das Herausragende. Es sind Erfahrungen wie das schöne Gespräch mit der Kollegin, das sich spontan in der Kaffeepause ergab, oder dass der junge Klient, der immer so misstrauisch und abweisend war, heute zum ersten Mal gelächelt hat …

Zur Auswertung können Sie auch noch einmal einen Blick auf Ihr „To-do-Medium" werfen. Haben Sie alles erledigt, was Sie sich vorgenommen haben? Falls nicht, übertragen Sie die Reste auf die Liste für den nächsten Tag. Die Haltung dabei ist: auswerten, nicht ärgern! Und vor allem: Erreichtes würdigen!

Bewusstes Abschließen

Um die Arbeitsstelle geklärt zu verlassen und möglichst wenig „mitzunehmen" ist es sinnvoll, den Arbeitstag bewusst abzuschließen. Erinnern Sie sich an die „Rituale als Vereinbarungen mit dem eigenen Unterbewusstsein"? Falls Sie ein solches „Ritual" zum Beginn der Arbeit gewählt haben, z. B. Dienstkleidung o.ä. anlegen, können Sie diese nun bewusst ablegen. Oder Sie können Ihren Arbeitsplatz aufräumen und das Aufräumen als „quasi rituelle Handlung" begehen, z. B. Dateien und Programme im Computer schließen, den Computer runterfahren, die Akten wegräumen, Schränke und Schubladen schließen – alles in dem Bewusstsein des „Abschließens". Verlassen Sie ebenso bewusst ihr Büro, schließen bewusst die Tür hinter sich, verlassen das Gebäude in dem Bewusstsein, die Arbeit nun hinter sich zu lassen.

Belastungen ablegen

Manchmal reicht es nicht, die Arbeitsstelle bewusst zu verlassen, um alle Belastungen dort und hinter sich zu lassen. Wenn Sie feststellen, dass Sie bestimmte Bilder, Gefühle oder Grübelschleifen noch mit sich tragen, können Visualisierungsübungen helfen, um sie abzulegen.

Es gibt eine Visualisierungsübung von Michaela Huber, bei der Sie sich vorstellen, dass Sie belastende Inhalte auf dem Heimweg in diversen Behältnissen deponieren (Huber 2005) und die wir Ihnen weiter unten vorstellen. Ich (DZ) habe diese Übung mit der Zeit für mich modifiziert und nutze sie an manchen Tagen unmittelbar auf dem Heimweg von der Arbeit, um Belastungen erst gar nicht mit nach Hause zu nehmen. Inspiriert zu dieser Modifikation hat mich das Bild der „Blumen auf dem Komposthaufen", das meine wunderbare Kollegin Esther Mujawayo verwendet, um posttraumatisches Wachstum zu beschreiben. Esther Mujawayo, selbst Genozid-Überlebende aus Ruanda und seit 2002 Traumatherapeutin im Psychosozialen Zentrum für Flüchtlinge Düsseldorf, schreibt: „Es gibt einen Ausdruck auf Kinyarwanda: Icukiro. Das ist der Ort hinter dem Zaun, wohin du morgens den Dung der Kühe wirfst, wenn du den Hof gefegt hast, der Komposthaufen. Es ist wie auf dem Bauernhof, man kann es sich leicht vorstellen: Es riecht schlecht. Es ist wirklich kein Ort, an den man sich hinsetzen würde, um sich zu unterhalten. Aber wenn du dort eine Bananenstaude pflanzt oder eine Kürbispflanze, bringt sie den besten Ertrag. Dort wachsen die größten Bananen, die besten Kürbisse. So ist es mit dem Leiden, das du durchlebt hast, all dem Schlechten, das du überlebt hast. Wenn es ungenutzt vor sich hin gärt, wenn du dich ihm nicht näherst, entsteht nichts daraus. Wenn du es aber schaffst, daran zu arbeiten, es zu *be*arbeiten – denn darum geht es, sein Trauma zu bearbeiten – und das, was dahinter liegt, zu betrachten und dort etwas pflanzt – die Blumen auf dem Dung, die Bananen auf dem Mist –, dann wirst du stärker. Danach." (Mujawayo/Zito 2017, S. 8)

Als Traumatherapeutin darf ich Menschen dabei begleiten, den „Kompost zu bearbeiten und etwas Neues wachsen zu lassen". In manchen Therapiesitzungen berichten sie über entsetzliche Erlebnisse. Wenn die entsprechenden Bilder, die beim Zuhören in mir entstanden sind, längere Zeit in mir weiter wirken, haben sie natürlich negative Auswirkungen auf mein eigenes Lebensgefühl. Ich möchte sie also möglichst zeitnah wieder ablegen, nicht mit in mein Privatleben nehmen. Und manchmal sind es weniger die Bilder als das Gefühl des Schreckens, des Horrors, der Anspannung, das ich mit-gefühlt habe, das sich in mein eigenes Grundgefühl einschleicht. Auch das möchte ich loslassen. Gleichzeitig möchte ich respektvoll umgehen mit dem, was mir anvertraut wurde; das Vertrauen, die Heilungs- und Wachstumsprozesse meiner Klient_innen würdigen. So entstand vor dem Hintergrund von Esthers Gleichnis folgende Entlastungsübung, die Visualisierung mit Atmung verbindet und so ganzheitlich wirkt.

Die Erde wandelt es in Humus um

Wenn Sie Ihre Arbeitsstelle verlassen und noch eine Belastung spüren, seien es innere Bilder oder ein bedrückendes Gefühl, können Sie das schrittweise auf dem Heimweg ablegen. Sobald Sie vor die Tür treten, schauen Sie sich um, ob Sie irgendwo Erde entdecken. Vielleicht gibt es viel Grün, dort wo Sie arbeiten. Aber auch mitten in der Stadt werden Sie vielleicht überrascht sein, wie viel Sie entdecken, wenn Sie bewusst danach schauen. Das kann ein Blumenkasten sein, ein Grünstreifen, ein Baum in einem Beet am Straßenrand … Richten Sie Ihren Blick auf die Erde, atmen aus und stellen Sie sich vor, wie Sie damit einen Teil Ihrer Belastung der Erde übergeben. Dort wird sie transformiert, zu Humus umgewandelt. Es entsteht etwas Neues, Gesundes daraus. Dieser Umwandlungsprozess geschieht ganz ohne Ihr eigenes Zutun. Sie dürfen einfach das, was Sie jetzt nicht mehr mit sich tragen wollen, dort ablegen, so wie Sie vielleicht einen Komposteimer auf dem Komposthaufen ausleeren und dann alles Weitere den Lebewesen, den Würmen und Mikroorganismen, der Sonne, dem Regen überlassen. Und so gehen Sie weiter Ihren Weg. Bei jedem Schritt, bei jedem Atemzug schauen Sie nach einem weiteren Stück Erde, atmen wieder aus, hinterlassen auch dort einen Teil der Belastung. Sie müssen nicht kognitiv

„wissen", welchen Inhalt, welches Bild genau Sie jeweils ablegen. Es reicht, wenn Sie einfach den Blick auf die Erde richten, ausatmen mit dem Gefühl, noch ein Stück loszulassen, es der Erde zu übergeben. Und so laufen Sie weiter, vielleicht Ihren ganzen Weg nach Hause, zur Haltestelle oder zum Parkplatz. Oder aber einfach fünf, zehn, fünfzehn Minuten lang – solange, bis Sie das Gefühl haben, dass es nun reicht und Sie sich leichter und geklärt fühlen.

Wenn Sie mögen, probieren Sie diese Übung gerne einmal aus. Bei mir funktioniert sie extrem gut. Ich konnte feststellen, dass selbst auf dem Weg von der Düsseldorfer Altstadt bis zum Hauptbahnhof überall, bei jedem Schritt, Erde und Pflanzen zu sehen sind. Wenn ich circa fünfzehn Minuten gegangen bin und dabei diese Übung gemacht habe, fühle ich mich deutlich leichter, heller, weiter, freier. Dann kann ich dazu übergehen, mich wieder mit Anderem zu beschäftigen.

Den Weg nutzen

Auch ohne spezielle Visualisierungsübung lässt sich der Heimweg von der Arbeit gut als Übergang zwischen Arbeits- und Privatleben gestalten, wenn Sie die Zeit bewusst dazu nutzen. Zum einen können Sie sich – wie beim Hinweg – in Achtsamkeit und Präsenz üben, bewusst sehen, hören, riechen, was um Sie ist, Ihren Körper beim Gehen oder Radfahren bewusst wahrnehmen. Und vor allem können Sie die Zeit nutzen, damit die Eindrücke des Arbeitstages „sich setzen" können, damit das Gehirn Zeit hat, alles zu verarbeiten. Das bedeutet, dass Sie Ihren Kopf nach Möglichkeit nicht mit weiteren (medial vermittelten) Inhalten füllen, (zumindest eine Zeitlang oder sogar ganz) darauf verzichten, in der Bahn im Handy zu surfen oder Autoradio zu hören. Uns selbst und auch vielen Seminarteilnehmer_innen geht es so, dass die Gedanken dann eine Zeitlang noch mit der Arbeit beschäftigt sind, dass uns Situationen, Gespräche noch einmal durch den Kopf gehen, dass wir nachspüren. Oft gibt es – zumindest bei längeren Fahrten – eine Stelle, in der man das „Arbeitsgebiet" verlässt und ins „Heimgebiet" einfährt. „Wenn ich über diese Brücke über den Fluss fahre, dann lasse ich die Arbeit hinter mir." Wenn es auf Ihrer Strecke eine solche Stelle gibt, die sich passend anfühlt, können Sie dann noch einmal bewusst entscheiden, nun die Arbeit hinter sich zu lassen und in den Feierabend, in den privaten Raum einzutreten. So lästig längere Arbeitswege sind – räumlichen Abstand zur Arbeitsstelle zu gewinnen kann helfen, auch inneren Abstand zu den Themen zu bekommen.

Sich reinigen

Wenn Sie im Laufe Ihres Arbeitstages mit belastenden oder „toxischen“ Inhalten in Kontakt gekommen sind, tut es gut, sich bewusst zu „reinigen“ (im übertragenen wie im buchstäblichen Sinne), wenn Sie nach Hause kommen. Diese „Übung“ ist einfach: Gehen Sie duschen und stellen Sie sich vor, wie das Wasser auch alles, was noch an Belastendem an Ihnen hängen könnte, mit sich fortspült. Vielleicht tut es Ihnen gut, sich duftende Pflegeprodukte zu gönnen. Und ziehen Sie sich nach dem Duschen frische, „unbelastete“ Kleidung an.

Die Tresor-Übung

Wenn Sie zuhause feststellen, dass Ihnen bestimmte Arbeitsthemen nachhängen, weiterhin im Kopf kreisen, und Sie sich in diesem Moment nicht weiter damit beschäftigen, sondern „abschalten“, Feierabend haben wollen, können wir Ihnen die Tresorübung empfehlen. Diese Übung wird in der Traumatherapie häufig verwendet. Sie dient dazu, Einfluss und Kontrolle über belastende Erinnerungsbilder unverarbeiteter Erlebnisse zu erlangen, von denen traumatisierte Menschen häufig verfolgt werden. Diese Übung nutzt die Fähigkeit unseres Gehirns, innere Bilder zu erschaffen, die mit intensiven Gefühlen und häufig auch Körperreaktionen einhergehen. Wenn unser Gehirn belastende Bilder, Erinnerungsschleifen produziert, geschieht dies unwillkürlich. „Ich will da gar nicht dran denken“, sagen unsere Klient_innen häufig, „aber die Bilder kommen einfach immer wieder.“ Der gleiche Mechanismus ist es, wenn uns bestimmte, ebenso unverarbeitete Arbeitsthemen verfolgen. Und Sie wissen ja: wir können nicht *nicht* an etwas denken. Wenn Sie nun lesen, als rein willkürliches Beispiel: „Denken Sie auf keinen Fall daran, wieviel Uhr es jetzt wohl ungefähr sein wird“, haben Sie mit hoher Wahrscheinlichkeit genau das gerade getan. Also: „Ich will nicht an die Arbeit denken“ alleine reicht nicht. Entweder es gibt andere Dinge, die Ihre Aufmerksamkeit so sehr in Anspruch nehmen, dass die Arbeitsthemen tatsächlich in den Hintergrund treten. Oder Sie nutzen gezielt die eben beschriebene Fähigkeit Ihres Gehirns, innere Bilder zu erschaffen – nun eben bewusst. Bei der „Tresorübung“ geht es darum, belastende Inhalte in einem imaginären Tresor sicher zu verschließen (vgl. Hantke u. Görges, 2012; Huber, 2003; Scherwath u. Friedrich, 2012).

Wenn Sie eine Arbeitssituation nach Feierabend beschäftigt, sind Sie mit Dingen beschäftigt, die nicht in diesem Moment, an dem Ort, an dem Sie sich gerade aufhalten, geschehen. Entweder Sie sind mit Bildern einer vergangenen

Situation beschäftigt, die Sie erlebt haben oder wenn Sie sich Sorgen machen um Dinge, die geschehen könnten, erschaffen Sie Bilder über eine zukünftige Situation. In jedem Fall handelt es sich um innere Bilder, eine Art inneren Film. Wenn Sie diesen Film in diesem Moment nicht weiter ablaufen lassen und ansehen möchten – sei es auch nur im Hintergrund und mit halbem Auge – können Sie ihn sicher wegpacken.

Dazu stellen Sie sich zunächst vor, auf welchem Gerät Sie diesen Film abspielen und ansehen. Was würde Ihnen entsprechen? Streamen Sie den Film im Internet oder haben Sie einen altmodischen Filmprojektor, der den Film von einer großen Rolle auf eine Leinwand projiziert? Spielen Sie eine DVD oder eine VHS-Videokassette ab und das Bild erscheint auf einem Fernsehgerät? Oder wie ist es bei Ihnen? Lassen Sie ein inneres Bild entstehen, wo Sie Ihren Film abspielen und sehen.

Und dann halten Sie den Film an, drücken Sie auf die Pausetaste. Stellen Sie sich vor, wie aus dem bewegten Bild ein Standbild wird, wie statt des Tons Stille einkehrt.

Sie wollen den Film nun sichern und wegpacken. Wenn Sie den Film im Internet oder im Fernsehen angeschaut haben, müssen Sie ihn vielleicht als erstes speichern – auf einem USB-Stick, einer DVD oder Videokassette. Stellen Sie sich vor, wie Sie das tun. Stellen Sie sich nun das Medium genau vor, auf das „Ihr Film" gebannt ist. Wie sieht es aus? Welche Farbe hat es? Wie schwer ist es? Wie fühlt es sich an?

Stellen Sie sich nun vor, Sie packen den Film oder das Speichermedium in die passende Hülle. Was ist das für eine Hülle? Aus welchem Material besteht sie? Welche Farbe hat sie? Steht ein Titel darauf? Falls ja, welcher Titel ist das?

Nun können wir den Film in einen Tresor packen, in dem er sicher aufbewahrt ist. Wie soll ein Tresor aussehen, der genau richtig ist für Sie? Wie groß ist er? Klein, wie ein Safe in einem Hotelzimmer? So groß wie ein Kühlschrank? Noch größer? Welche Größe ist genau richtig für Ihren Tresor?

Aus welchem Material besteht er? Welche Farbe hat er? Wie fühlt er sich an? Glatt, rau? Warm, kalt?

Stellen Sie sich nun vor, Ihr Tresor steht offen vor Ihnen. Wie sieht er von innen aus? Hat er die gleiche Farbe und Material wie von außen? Oder ist er ausgekleidet, in einer anderen Farbe gestaltet? Ist es ein großes Fach oder unterteilt in mehrere Fächer?

Suchen Sie sich nun genau die richtige Stelle im Tresor aus, an der Sie Ihren Film aufbewahren möchten. Stellen Sie sich vor, Sie legen ihn dort hinein. Wenn Sie ihn abgelegt haben, stellen Sie sich vor, wie Sie die Tür des Tresors

schließen. Lässt sie sich leicht bewegen, oder ist sie schwer, und Sie müssen fest drücken? Macht es ein Geräusch, wenn die Tür im Schloss einrastet?

Nun stellen Sie sich vor, dass Sie das Schloss abschließen. Was ist es für ein Schloss? Ist es ein Rad, das Sie drehen? Oder ist es ein großer Schlüssel, den Sie im Schloss drehen? Ein Zahlenschloss? Eine Kombination aus allem?

Stellen Sie sich genau vor, wie Sie den Tresor verschließen, wie es sich anfühlt, welches Geräusch es macht. Wenn der Tresor nun sicher abgeschlossen ist, treten Sie einen Schritt zurück, atmen durch und betrachten den sicher verschlossenen Tresor von außen.

Und nun überlegen Sie, wo Sie den Schlüssel sicher aufbewahren möchten. Stellen Sie sich vor, wie Sie ihn dort ablegen.

Nun können Sie noch überlegen, wo Sie den Tresor unterbringen möchten. Soll er an einem Ort in erreichbarer Nähe sein, oder soll er weit weg sicher aufbewahrt werden? Möchten Sie ihn in einem Gebäude aufstellen, zum Beispiel in einer Bank, oder soll er irgendwo in der Natur sein, weit oben in den Bergen zum Beispiel, oder in einem See?

Nun wissen Sie, wo alles sicher verwahrt ist. Bei Bedarf haben Sie wieder Zugriff darauf. Das ist Ihr Tresor. Sie können ihn jederzeit nutzen, um weitere Dinge darin unterzubringen oder sie wieder heraus zu holen.

Vorübergehend Lasten ablegen: die fünf Päckchen

Auch diese Visualisierungsübung von Michael Huber (Huber 2005, S. 47ff.) hilft, sich (zeitweise) von Belastungen zu distanzieren. Wir dürfen sie mit freundlicher Genehmigung der Autorin hier abdrucken, die kurzen Ergänzungen *(kursiv, in Klammern)* stammen von uns.

Zunächst ist es, wie bei jeder Übung, hilfreich, wenn Sie in den Zustand der Achtsamkeit kommen, den Körper so weit entspannen, wie das jetzt in Ordnung ist, und Ihre gelassen-freundliche Aufmerksamkeit, vielleicht gepaart mit einer gewissen offenen Neugier, nach innen richten.

Dann lade ich Sie ein, sich vorzustellen, wie Sie abends *(vielleicht auf dem Heimweg von Ihrer Arbeitsstelle oder einer gerade besonders schwierigen Arbeitssituation)* nach Hause gehen. Ein Stück des Fußweges entlang können Sie merken, wie das gute und angemessene Gefühl für sich und für andere Menschen *(vielleicht auch Kolleg_innen oder Klient_innen, möglicherweise auch eine bestimmte Person oder Konstellation)* sich anfühlt, das Sie mitnehmen wollen. Und was bzw. wie schwer er ist, der „Sack auf Ihren Schultern", den Sie an *(eigenen oder übertragenen)* Bildern, Erinnerungen, Gefühlen und Körperempfindungen mit sich herumtragen. Und sich überlegen, ob Sie vielleicht nicht alles davon über die Schwelle Ihres Hauses tragen und beim Abendbrot bereden oder nachts davon träumen wollen. Sondern ob Sie das eine oder andere Päckchen unterwegs aus dem Sack nehmen und es irgendwo ablegen könnten …

Am besten geht das vielleicht Schritt für Schritt in mehreren Etappen. So könnten auf Ihrem Heimweg, etwa 200 Meter bis zu Ihrer Haustür – nur für Sie sichtbar – im Abstand von etwa jeweils fünfzig Metern Behältnisse aus Stein, Holz oder Ton stehen. Wenn Sie sich in Ihrer Vorstellung bis auf etwa 200 Meter Ihrem Haus genähert haben, könnten Sie das erste Behältnis sehen, irgendwo am Wegrand. Es ist ausreichend groß, um **Ihr derzeit größtes Problem mit sich selbst** aufzunehmen, also wenn Sie sich wegen irgendetwas selbst gerade nicht gut leiden können … Sie können das Behältnis öffnen, Ihre Last mit diesem Problem hinein tun, vielleicht einen guten Wunsch hinzufügen und das Behältnis wieder verschließen …

Wenn Sie weitergehen, merken Sie unter Umständen, wie sich die Last auf Ihrem Rücken etwas anders anfühlen kann, vielleicht etwas leichter, oder … Sie können ja jederzeit wieder zurück und Ihr Problem wiederholen, wenn Sie es weiter bearbeiten wollen. Aber vielleicht wollen Sie es ja einmal dort lassen, gut versorgt und mit einem guten Wunsch versehen, der auch in Erfüllung gehen kann, wenn Sie gerade an ganz andere Dinge denken …

Wenn Sie dann weitergehen, können Sie vielleicht schon bald auf Ihrem Heim Heimweg das nächste Behältnis sehen, das nur für Ihre Augen sichtbar ist. Auch dieses Behältnis ist ausreichend groß, um ein anderes Problem aufzunehmen: **Ihr größtes Problem, das Sie noch aus Ihrer Vergangenheit mit sich herumschleppen.** Vielleicht mögen Sie ausprobieren, wie es ist, es – nur mal so über Nacht – in dieses Behältnis zu geben. Sie können einen guten

Wunsch hinzufügen; Sie wissen ja, der könnte vielleicht sogar in Erfüllung gehen, auch wenn Sie mit ganz anderen Dingen beschäftigt sind … Wenn Sie das Behältnis gut verschlossen haben, mögen Sie vielleicht ein paar Schritte weiter gehen und spüren, wie Sie sich jetzt fühlen … Und was immer Ihnen gerade durch den Sinn geht, ist ganz in Ordnung.

Und dann gibt es auf Ihrem weiteren Weg Richtung Zuhause möglicherweise noch ein drittes Behältnis, und das könnte groß genug sein, **Ihr größtes Problem in Ihren derzeitigen Beziehungen oder in einer bestimmten Beziehung** *(sei es bei Ihrer Arbeit oder auch privat)* aufzunehmen. Manchmal will man ja die Beziehungsprobleme einfach mal ein wenig loswerden, nur vorübergehend, um zu sehen, wie es sich anfühlen könnte, wenn sie gerade mal nicht da sind, sondern es so ist, als wären Sie frei davon. Wie auch immer Sie sich das Problem vorstellen – vielleicht nehmen Sie es mal einfach als ein Päckchen, dass Sie in dieses Behältnis deponieren können … Auch hier können Sie beim Ablegen des Problems einen guten Wunsch hinzufügen, und dann das Behältnis gut verschließen und dann ein paar Schritte weiter gehen … Und was immer Sie gerade empfinden, ist ganz in Ordnung …

So kommen Sie dann vielleicht zum vorletzten Behältnis, und das ist auch nur für Sie sichtbar am Wegesrand platziert. Es könnte **Ihre größte Zukunftssorge** *(beruflich oder privat)* aufnehmen, jedenfalls so viel davon, wie Sie gerade einmal von sich fernhalten wollen. Möglicherweise haben Sie auch da einen guten Wunsch, den Sie beim Deponieren hinzufügen können, bevor Sie das Behältnis verschließen und ein paar Schritte weiter gehen, dabei spüren, wie möglicherweise Ihre Last wieder etwas leichter geworden ist …

Und schließlich, kurz vor der Schwelle des Hauses, in dem Sie wohnen, könnte – nur für Sie sichtbar – noch ein fünftes und letztes Behältnis stehen. Dort hinein könnten Sie **alles, was Sie jetzt noch loswerden möchten**, hinein tun. Das kann alles Mögliche sein, was Sie gerade einmal vor der Schwelle Ihres Hauses ablegen möchten: Bilder oder Gerüche oder Geräusche oder Begegnungen oder Gedanken oder Gefühle oder Körperempfindungen oder was auch immer Sie gerade heute einmal, und sei es für ein paar Stunden oder über Nacht, loswerden wollen – wohl wissend, da gibt es ein Behältnis an der Haustür, das all dies für Sie aufbewahrt, damit Sie sich einmal ein wenig ausruhen können. Auch hier könnten Sie einen guten Wunsch hinzufügen – vielleicht kann sich ja manches schon positiv verändern, während Sie drinnen im Haus sind oder schlafen …

Und wenn Sie imaginär an Ihrer Haustür angelangt sind, können Sie vielleicht spüren: da hinter Ihnen auf dem Weg stehen überall Ihre Behältnisse, in die Sie jederzeit Ihre Probleme hineintun können, und nur so viel heraus zu nehmen brauchen, wie Sie benötigen, um damit weiter umzugehen – denn auch Ihr Gehirn ist ein großer Speicher, und Ihr Unterbewusstes sorgt ja gut für Sie und kann viele Probleme schon lösen helfen, auch wenn Sie etwas ganz anderes tun oder schlafen …

Vielleicht mögen Sie jetzt von der Schwelle Ihres Hauses sozusagen aus der Vogelperspektive sich selbst und diese Behältnisse sehen … Und dann sich noch einmal vergewissern, dass Sie diesen Weg jederzeit in die eine oder andere Richtung geben können, Ihre Problempäckchen deponieren oder etwas herausnehmen können, ganz wie es Ihnen richtig erscheint. Und von dort aus den Weg wieder hierher finden, in diesen Raum, auf diesen Stuhl, wo Sie spüren, dass Ihre Füße Kontakt mit dem Boden haben, und dann ganz allmählich wieder Ihren Körper spüren: Beine und Po und Rücken und Bauch und Schultern und Kopf … Die Augen öffnen, wenn es in Ordnung ist, sich vielleicht recken und strecken und spüren, wie sich der Körper und wie Sie sich jetzt insgesamt fühlen …

Greifbares erschaffen anstelle von Visualisierungsübungen

Visualisierungsübungen liegen nicht jedem. Manchen fällt es leichter, anderen wiederum schwerer, sich Dinge vorzustellen und somit das eigene Gefühl zu beeinflussen. Nicht wenige Menschen müssen Dinge anfassen, etwas mit ihrem Körper tun, damit eine Erfahrung für sie greifbar ist. Wenn es auch Ihnen so geht, können Sie viele Dinge konkret umsetzen, anstatt sie nur zu visualisieren. So können Sie zum Beispiel, anstatt sich einen Tresor oder Behältnisse, in denen Sie belastende Inhalte deponieren, vorzustellen, ein solches Behältnis tatsächlich herstellen. Vielleicht möchten Sie eine Art „Schatztruhe" mit einem Schloss basteln oder einen Schuhkarton bekleben oder bemalen und entsprechend umgestalten. Sie können Themen, die Sie für eine Zeit loslassen möchten, auf einen Zettel schreiben, diesen zusammenfalten und in dieses manifeste Behältnis legen, in dem Bewusstsein, dieses Thema sicher zu deponieren, bis Sie es vielleicht zu einem anderen Zeitpunkt wieder hervor holen möchten. Das funktioniert auch mit einem großen Schraubglas oder was Ihnen sonst noch in den Sinn kommt und passend erscheint. Wenn Sie möchten, können Sie ein eigenes Ritual entwickeln und sich so jeden Abend von dem, womit Sie sich zu diesem Zeitpunkt nicht weiter beschäftigen möchten, distanzieren. Wenn Sie möchten, können Sie die Zettel regelmäßig hervorholen (z. B. vor der nächsten Supervisionssitzung) und schauen, was davon noch akut ist und aktiv bearbeitet werden sollte und was sich in der Zwischenzeit gelöst hat.

3.8 Auftanken / Kraftquellen

Und dann ist es natürlich wichtig, dass wir ausreichend Dinge tun, die uns Kraft geben oder einfach Spaß machen, bei denen wir uns erholen, austoben, in einen anderen Zustand kommen können.

Was tut Ihnen gut, was sind Ihre Kraftquellen?
Was gönnen Sie sich regelmäßig?
Was wollten Sie längst schon mal wieder tun oder endlich mal ausprobieren?

Ihre Notizen:

An dieser Stelle geht es weniger um Quantität als um Qualität. Es geht darum, Bereiche im Leben zu haben, die einen Ausgleich darstellen. Das soll nicht in „Freizeitstress" ausarten. Wir machen Ihnen an dieser Stelle keine Empfehlungen, womit Sie Ihre Zeit erfüllend nutzen können – das werden Sie selbst am besten wissen. Das wichtige ist, dass Sie es sich auch gönnen. Wir möchten Ihnen hier zunächst eine kleine Übung vorstellen, die hilft, sich Ihre Kraftquellen ins Bewusstsein zu rufen und sie zu verankern.

Die Fünf-Sinne-Hand

Die „Fünf-Sinne-Hand"-Übung ist eine Weiterentwicklung bzw. Vereinfachung der Ressourcenhand (vgl. Scherwath & Friedrich, 2012, S. 100, 202) und dient dazu, persönliche Kraftquellen in strukturierter Form zu erfassen (vgl. Gahleitner/Zimmermann/Zito, 2017, S. 77f.). Es ist eine Übung, die wir gerne mit Klient_innen oder auch bei Fortbildungen für Fachkräfte machen, wenn es darum geht, sich die eigenen Ressourcen ins Bewusstsein zu rufen, sie festzuhalten und in der Folge bewusster nutzen zu können. Die Idee dahinter ist, dass wir Menschen in der Regel wissen, was uns gut tut, uns diese Dinge aber gerade in den Situationen, in denen wir besonders belastet sind, schwerer einfallen. Deshalb ist es hilfreich, in einem ruhigen Moment eine ansprechende Übersicht zu erstellen, um darauf bei Bedarf oder regelmäßig darauf zurückgreifen zu können.

Zeichnen Sie den Umriss Ihrer Hand auf einem Blatt Papier ab. Die einzelnen Finger dienen dazu, daran Stichpunkte anhand von Sinnesqualitäten festzuhalten. Die Frage ist dabei immer „Was tut mir gut?", und dabei gibt es die zwei Qualitäten „Was beruhigt mich?" oder „Was belebt mich angenehm?"

Beginnen Sie mit dem Daumen. Er steht in dieser Übung für die Sinnesqualität des Hörens. Bitte machen Sie sich am Daumen Stichpunkte zu Ihren „akustischen Kraftquellen": Welche Klänge hören Sie gerne? Was tut Ihren Ohren gut? Das kann eine bestimmte Musik(-richtung) oder ein Lieblingslied sein, aber auch Vogelzwitschern oder das Rauschen eines Bachs … Schreiben Sie sämtliche Geräusche, die für Sie wohltuend sind, an den Daumen.

Der Zeigefinger steht für das Sehen. Was sind Ihre „optischen Kraftquellen"? Welche Farben, Bilder, Filme, Landschaften sehen Sie gerne, was ist wohltuend für Ihre Augen? Schreiben Sie alle Stichpunkte, die Ihnen einfallen, an den Zeigefinger.

Dann kommt der Mittelfinger, er steht in dieser Übung für das Schmecken. Welche Geschmacksreize sind für Sie wohltuend, tröstend, stärkend? Gibt es bestimmte Lebensmittel, Gewürze, Tees, Gerichte – z. B. ein Lieblingsessen aus der Kindheit, die Ihnen gut tun? So etwas wie „Seelennahrung"? Schreiben Sie alles, was Ihnen einfällt, auf.

Damit verwandt ist das Riechen. Schreiben Sie Ihre „olfaktorischen Kraftquellen" an den Ringfinger. Welche Gerüche, welche Düfte sind für Ihre Nase angenehm? Gibt es ein Lieblingsparfüm, Duschgel, Creme? Bestimmte Blumen, frisches Gebäck … Schreiben Sie alles auf, was in Ihnen ein gutes Gefühl hervorruft.

Der kleine Finger steht in dieser Übung für das Spüren im Sinne von Körperempfindungen. Was ist für Sie wohltuend, entspannend oder belebend? Das können Bewegungen sein, Aktivitäten, bestimmte Sportarten, aber auch Dinge wie Massage, Sauna, die heiße Badewanne im Winter oder ein kühles Bad im See im Sommer? Schreiben Sie alles, was Ihnen gut tut, an den kleinen Finger.

Und dann gibt es ja noch Kraftquellen, die sich keiner einzelnen Sinnesqualität zuordnen lassen. Wir haben sie „(Un-)Tätigkeiten" genannt. Nutzen Sie dafür die Handfläche. Schreiben Sie dort alles auf, was Ihnen sonst noch gut tut – Dinge wie meditieren oder beten, auf dem Sofa liegen und gar nichts tun, Spieleabende mit Freund_innen, was auch immer Ihnen einfällt.

Das fertige „Produkt", das Blatt Papier mit Ihrer Fünf-Sinne-Hand sollten Sie an einer geeigneten Stelle aufbewahren, vielleicht auch irgendwo aufhängen, wo (nur) Sie es täglich sehen können. Einerseits können Sie darauf schauen, wenn Sie „Stärkungsbedarf" haben und anhand Ihrer Stichpunkte eine Kraftquelle aussuchen, die Sie in diesem Moment nutzen können. Es ist auch schön, wenn Sie sich jeden Tag eine Ihrer Kraftquellen gönnen.

Sich aufraffen

Wenn Sie sich bei Ihrer Arbeit derart verausgaben, dass Sie danach eigentlich nur noch umfallen und schlafen können, wenn Sie den Eindruck haben, dass Ihr Leben nur noch aus Arbeit und kurzen Erholungsphasen zwischen den Diensten besteht, aber keine Energie mehr für andere Aktivitäten übrig ist, dann sind Sie in eine Schieflage geraten. Vielleicht tut es Ihnen gut, bewusst darauf zu achten, dass Sie sich Zeit nehmen, nach der Arbeit wieder „zu sich zu kommen". Möglicherweise möchten Sie nach dem Dienst vor Erschöpfung sofort ins Bett fallen und einschlafen, vielleicht tut es Ihnen dennoch gut, sehr bewusst vorher noch einen Moment auf dem Balkon oder am Küchentisch zu sitzen, durchzuatmen, den Vögeln zuzuhören etc.

Wenn Sie von Ihrer Arbeit sehr angestrengt sind, ist es verständlich, dass Sie für andere Aktivitäten wenig Energie übrig haben. Das kann allerdings dazu führen, dass Ihr soziales Leben immer dünner wird. Oft ist es richtig, dem Drang nach Erholung nachzugeben, nach Feierabend nichts mehr zu tun. Manchmal ist es aber auch richtig, sich einen Ruck zu geben und doch noch alleine oder mit Freund_innen etwas zu unternehmen, bei schönem Wetter rauszugehen etc. So füllen Sie Ihr Reservoir an „anderen" Eindrücken und Erlebnissen. Achten Sie darauf, dass Sie eine Ausgewogenheit schaffen. Weder Freizeitstress noch sozialer Rückzug sind hilfreich, finden Sie das für Sie persönlich richtige Maß.

Ein Privatleben außerhalb der Arbeit haben

Es ist schön, wenn Ihre Arbeit Sie erfüllt, wenn Sie darin Sinn und im Kolleg_innenkreis angenehme soziale Kontakte finden. Dennoch sollte die Arbeit nicht alles im Leben sein! Achten Sie darauf, dass Sie ein Leben, Interessen, Kontakte auch außerhalb Ihrer Arbeit haben. Gerade in Arbeitsfeldern, in denen Menschen hoch engagiert sind, sich für ausgegrenzte Gruppen einsetzen, ergibt sich manchmal die Tendenz, dass das Team eine Art (Ersatz-)Familie wird, dass man immer weniger mit anderen Menschen „außerhalb" zu tun hat. Vielleicht, weil diese den eigenen Alltag mit den spezifischen Erfahrungen und Herausforderungen nicht wirklich nachvollziehen können. Oder aber, weil das intensive Arbeiten wenig Energie übrig lässt, um sich bewusst mit anderen Menschen „außerhalb" zu verabreden und man sich durch die Kontakte und Verabredungen, die sich im Arbeitsalltag ergeben, schon ausreichend sozial eingebunden und ausgefüllt fühlt. Wenn der Kolleg_innenkreis identisch ist mit dem Freundeskreis, die Arbeit identisch mit den Freizeitinteressen, bedeutet dies allerdings eine enorme Abhängigkeit davon, dass dort alles gut läuft. Ergeben sich Schwierigkeiten oder Konflikte im Team, gibt es wenige Ausgleichsmöglichkeiten. Insofern ist es ein Akt der Selbstfürsorge, weiterhin Kontakte mit Menschen zu haben, Freundschaften zu pflegen, die nichts mit Ihrer Berufstätigkeit und Ihrem Engagement zu tun haben, in denen es um ganz andere Themen geht. Menschen, die „grundsätzlich" auf Ihrer Seite sind, auch wenn es auf der Arbeitsstelle nicht gut laufen sollte oder die einen relativierenden Blick von außen auf die Dinge werfen können, mit denen Sie sich herumschlagen. Das bedeutet nicht, dass Sie Kontakte weiterpflegen sollen, die Sie eingestellt haben, weil Sie bemerkt haben, dass sie Ihnen nicht gut tun, etwa weil Sie sich mit einer abwertenden Haltung gegenüber Ihrem Engagement und der Zielgruppe konfrontiert sahen. Aber der Kontakt mit Menschen, die Ihnen und Ihrem Leben gegenüber grundsätzlich wohlwollend gegenüber stehen, auch wenn Sie nicht den gleichen (Arbeits-)Alltag teilen, kann ein guter Ausgleich sein.

Sich um den Körper kümmern

Anspannungen und Belastungen im Arbeitsleben machen sich auch körperlich bemerkbar. Häufig bemerken wir an verspannten Schulter- und Nackenmuskeln oder Rückenschmerzen, dass wir überarbeitet sind, zu viel am Computer gesessen haben, uns zu viel Belastendes „aufgeladen" haben. Dann braucht unser Körper ganz konkrete Entlastung. Gönnen Sie sich gute Bewegung, Dehnen, Strecken ausschütteln, alles, was Ihnen hilft, Spannungen aus Ihrem Körper wieder zu entlassen.

Wenn Sie viel mit dem Kopf arbeiten, sitzend, im Gespräch, tut es Ihnen wahrscheinlich gut, bewusst immer wieder „aus dem Kopf und in den Körper" zu kommen. Und körperliche Tätigkeiten helfen dabei. Das kann Gartenarbeit sein, Brotteig kneten, kochen, etwas Handwerkliches herstellen ... was tut Ihnen gut?

Krafttier-Meditation

Eine Möglichkeit positiver Visualisierung ist die Krafttiermeditation. Sie kann uns inspirierende innere Helfer zur Seite stellen, sei es als eine dauerhafte Begleitung in bestimmten Lebensphasen, sei es zu spezifischen Fragestellungen. Sie können die Krafttiere als archetypische innere Instanzen begreifen, also Teile unserer inneren Landschaft, die sich uns in symbolischer oder symbolisierter Form unterstützend zur Seite stellen.

Als Erstes sollten Sie sich klar machen, wozu Sie um die Begleitung eines Krafttieres bitten. Geht es, wie bereits erwähnt, um eine stärkende, eine inspirierende Begleitung in dieser konkreten Lebensphase? Haben Sie eine Frage an Ihr Unterbewusstsein, die auf diesem Wege beantwortet werden soll?

Setzen Sie sich anschließend, wenn Sie mögen, entspannt auf Ihrem Lieblingssessel hin oder legen sich aufs Bett, ganz wie Sie mögen. Wählen Sie die für Sie passende Möglichkeit, um ganz entspannt, jedoch wach sein zu können.

Wenn Sie während der Meditation einschlafen, ist es nicht schlimm, falls Sie sich jedoch nicht an die Inhalte der Meditation erinnern, kann es hilfreich sein, sie zu wiederholen. Es gibt diesbezüglich viele unterschiedliche Typen. Es kann sein, dass Sie einschlafen und im Schlaf dann als Traum die Antwort auf Ihre Frage bekommen oder von einem bestimmten Tier träumen. Es kann sein, dass Sie die Meditation in einer Art Dämmerzustand erleben, oder Sie sind innerlich wach und nur der Körper ist tiefenentspannt.

Wie auch immer, wenn Sie es sich an Ihrem Lieblings-Entspannungsplatz bequem gemacht haben, schließen Sie, natürlich nur, wenn das für Sie passt, die Augen und spüren erst einmal ganz absichtslos in Ihren Körper hinein. Beobachten Sie Ihren Atem, wie er kommt und geht. Spüren Sie Ihren Körper auf der Unterlage, zuerst Ihre Füße, die Beine, dann das Gesäß, den Rücken, den Bauch. Atmen Sie vorzugsweise durch die Nase ein und durch Nase oder Mund aus. Atmen Sie nun ein bisschen tiefer ein, und stellen sich vor, wie bei jedem Ausatmen Spannung aus Ihrem Körper entweicht. Gehen Sie innerlich weiter den Körper durch, den Brustkorb, der sich gleichmäßig mit dem Atemrhythmus leicht hebt und senkt, den Rücken, die Schultern. Mit jedem Atemzug werden alle Muskeln entspannter, weicher, wärmer. Als Letztes spüren Sie, wie auch Ihr Hals, Ihr Nacken und die Kopfmuskulatur ebenfalls weicher und entspannter werden. Atmen Sie regelmäßig entspannt weiter und nehmen wahr, wie Ihr gesamter Körper, aber auch Ihre Emotionen und Gedanken ruhiger und entspannter werden.

Stellen Sie sich nun vor, wie Sie in einer wunderschönen Landschaft an einem geschützten, bequemen und warmen Ort liegen oder sitzen. Dies kann an einem warmen Strand sein, auf einer Lichtung in einem Wald, der voller Vogelstimmen und verzauberter Lichtreflexe durch die Blätter ist, am Hang eines Berges in einer windgeschützten Mulde, ganz nach Ihren persönlichen Vorlieben. Genießen Sie es, an diesem Ort verweilen zu können und entspannen Sie weiter in diese Schönheit hinein. Der Ort heißt Sie willkommen, strahlt Sicherheit, Wärme und Behaglichkeit aus. Schauen Sie sich ruhig ein wenig um. Was gibt es hier noch? Welche für Farben, Formen nehmen Sie wahr? Wie ist die Aussicht? Was hören Sie? Nehmen Sie irgendwelche Düfte wahr, z. B. das Meer, den Duft des Waldes, oder der intensive Duft der Bergwiese?

Während Sie sich so umschauen, nehmen Sie wahr, dass von Ihrem geschützten Platz aus ein kleiner Pfad führt und sich irgendwann außer Sichtweite verliert. Er sieht einladend aus und macht Sie ein wenig neugierig. Wo mag er wohl hinführen? Sie stehen innerlich langsam auf und wagen ein paar Schritte in die Richtung. Der Pfad ruft Sie, er strahlt eine kaum auszuschlagende Einladung aus, der Sie gerne nachkommen wollen. Sie folgen ihm, er macht einige Kehren und Abbiegungen. Dann kommen Sie an einen Ort, der vorher nicht einzusehen war, ein offener Platz, dem eine ganz eigene Stimmung innewohnt. Es ist still, kraftvoll, sicher und geschützt. Sie spüren instinktiv, dass dieser Platz das Ziel Ihrer kleinen Erkundungstour ist. Sie bleiben stehen oder setzen sich hin, ganz wie Sie mögen, und nehmen diese kraftvolle Energie in sich auf. Da raschelt etwas am Rande und eine Gestalt wird langsam erkennbar. Langsam und mit sicheren, gewogenen Schritten kommt Ihr Krafttier auf die Lichtung. Es ist freundlich, Ihnen zutiefst wohlgesonnen. Sie fühlen die starke Verbindung, die Sie zu diesem Tier haben, während es stehen bleibt und Sie aus gleichmütigen, kraftvollen Augen anschaut. Nachdem Sie einander in Würde und Respekt eine Weile angeschaut haben, können Sie, so Sie mögen, eine Frage stellen, um einen Rat bitten oder um seine Begleitung. Die Antwort hören oder spüren Sie innerlich. Genießen Sie den Umstand, dass dieses Tier, welches auch immer sich dort zeigt, ein Teil von Ihnen ist, untrennbar mit Ihnen verbunden.

Wenn das Zusammensein und/oder der Dialog beendet ist, verweilen Sie noch einen Augenblick, stehen dann langsam auf, falls Sie gesessen haben, und treten den Weg zurück zu Ihrem Lieblingsplatz an. Dort angekommen, nehmen Sie die Umgebung noch einmal tief in sich auf und kommen dann ganz langsam, in Ihrem Tempo mit Ihrem Gewahrsein zurück in den Raum, wo Sie die Meditation begonnen haben. Spüren Sie weiter einen Moment nach, lassen die Begegnung nachwirken, bevor Sie Ihre Aufmerksamkeit auf Ihren Körper richten und diesen nach und nach etwas bewegen, sich strecken, gähnen, oder welcher Impuls auch immer auftaucht.

Sie können jederzeit, je nach Wunsch und Bedürfnis, sowohl Ihren Lieblingsplatz aufsuchen, um dort zu entspannen und Kraft zu tanken, und auch von dort aus den Pfad hin zu der Begegnung mit Ihrem Krafttier antreten. Falls bei einer Wiederholung ein anderes Tier erscheint, ist dies nicht ungewöhnlich. Andere Fragen, andere Umstände, die Sie dorthin gehen lassen, rufen möglicherweise auch andere innere Helfer auf den Plan. Es ist kein Entweder Oder, sollte dies so geschehen, sondern ein Sowohl-als-Auch.

Ressourcenbilder und -symbole

Auch hier gilt: wenn Ihnen Visualisierungsübungen nicht liegen, oder aber auch, wenn Sie die Bilder, die in einer Übung aufgetaucht sind, noch mehr vertiefen und verankern möchten, können Sie Greifbares erschaffen.

- Sie können im Internet Bilder Ihres Krafttieres suchen, ausdrucken und sich in den Kalender kleben oder sie an entsprechender Stelle an die Wand hängen.
- Vielleicht gibt es Ihr Krafttier auch als kleines Spieltier, z. B. von Schleich, das Sie sich besorgen und in der Tasche bei sich tragen oder auf Ihrem Schreibtisch platzieren können.
- Sie können Zeitschriften durchstöbern, sich anregen lassen und eine Ressourcen-Collage zusammenstellen.
- Sie können selbst zu Papier und Farben greifen und etwas malen, was Ihre Kraftquellen symbolisiert.
- … Ihrer Phantasie sind hier keine Grenzen gesetzt!

Was auch noch abends geht

Einige der Anregungen für einen guten Start in den Tag lassen sich auch wunderbar am Abend umsetzen, um wieder bei sich zu landen, sich zu verbinden. Falls Sie kein „Morgenmensch“ sind und die entsprechenden Kapitel übersprungen haben – wenn Sie mögen, lesen Sie noch einmal die Empfehlungen zu „Meditation“, „wohltuende Bewegung“ und „Natur“ im Kapitel 3.1.

Dem eigenen Rhythmus folgen

Der Schlaf ist für die Erholung und das Auftanken besonders wichtig. Und besonders wohltuend ist es, wenn wir so lange schlafen können, bis wir von selbst erwachen. Dann sind wir wirklich ausgeschlafen und ausgeruht. Für viele Menschen klingt das utopisch – aber es gibt Lebenssituationen, in denen es durchaus möglich ist, der eigenen inneren Uhr und dem Biorhythmus zu folgen. Vielleicht haben Sie das Glück, dass es auch bei Ihnen passt: wenn Sie sich erlauben, wirklich schlafen zu gehen, wenn Sie müde werden, ist das möglicherweise früher, als Sie es gewohntermaßen tun. So haben Sie die Chance, genug zu schlafen, bis Sie von selbst erwachen. Vielleicht probieren Sie es mal im Urlaub, und vielleicht müssen Sie erst ein gewisses Schlafdefizit ausgleichen. Irgendwann stellt sich ein eigener Rhythmus ein. Und möglicherweise passt es, dass Sie mit diesem Rhythmus auch an Arbeitstagen zu Zeiten schlafen gehen und aufwachen, so dass Sie mit genug Zeit, in Ruhe in den Tag starten und ohne Stress pünktlich zur Arbeit kommen können. Und entspannter und produktiver sind. Falls Ihre Lebenssituation und Ihre Arbeitszeiten es erlauben, Ihrer inneren Uhr zu folgen, probieren Sie es aus und werten aus, wie es sich auf Ihre Verfassung auswirkt.

Auszeiten

Um bei Kräften zu bleiben oder den leeren Tank wieder aufzufüllen, tut es gut, sich regelmäßig kleine und größere Auszeiten zu gönnen, in denen Sie Abstand vom (Arbeit-)Alltag, von Verpflichtungen überhaupt bekommen. Das kann ein Tag in der Sauna sein oder von Zeit zu Zeit ein (verlängertes) Wochenende, an dem Sie vielleicht wandern gehen oder eine Kurzreise an einen schönen Ort unternehmen. Und Sie können und sollten natürlich Ihren Urlaub als Auszeit nutzen. Wenn Sie in einer Wohneinrichtung für Geflüchtete arbeiten und Ihre Urlaube als Volunteer in einem Flüchtlingslager auf den griechischen Inseln verbringen, ist das zwar sehr löblich, stellt aber nicht wirklich einen Abstand zu Ihrem Arbeitsalltag her, ist also wahrscheinlich nicht wirklich erholsam. Ebenso wenig wie der Urlaub, in dem Sie Ihre Steuererklärung machen und den Keller entrümpeln. Aber auch „Aktivurlaube“, in denen Sie vom ersten bis zum letzten Tag mit intensiven Aktivitäten beschäftigt sind, können durchaus anstrengend sein. Sie bringen zwar spannende neue Eindrücke, aber lassen möglicherweise wenig Zeit, um sie zu verarbeiten und all das, was sich vorher schon angesammelt hat; wenig Raum für tatsächliche Erholung. Im Sinne der

Selbstfürsorge ist es also hilfreich, sich im Urlaub ausreichend unverplante Zeit zu nehmen, sich erst einmal ausruhen (vielleicht auch ganz viel schlafen) zu können, bevor Sie mit neuen, anderen Aktivitäten starten. Es ist gut, wenn Sie sich auch längere Urlaube gönnen können. Bei einem drei- oder vierwöchigen Urlaub ist der innere Abstand, den Sie zu Ihrer Arbeit bekommen können und entsprechend der Erholungsfaktor meist spürbar größer als bei einer oder zwei Wochen.

Dieser Effekt gilt erst recht für ein „Sabbatical" oder „Sabbatjahr". Beamte und Angestellte im Öffentlichen Dienst können in vielen Bereichen Arbeitszeitguthaben ansparen. Sie bekommen dann zwei bis sechs Jahre lang nur einen Teil des Gehalts (also zwei Drittel bis sechs Siebtel) ausgezahlt und können sich dann ein Jahr lang freistellen lassen, während das entsprechend reduzierte Gehalt weiterläuft. Auch bei anderen Trägern ist es teilweise möglich, individuelle Regelungen zu finden, mit denen ein langer (unbezahlter) Sonderurlaub möglich ist. Eine solche mehrmonatige bis einjährige Auszeit bietet große Chancen, tatsächlich über eine längere Zeit aus dem „Hamsterrad" auszusteigen, innezuhalten, nachzuspüren, die grundsätzliche Ausrichtung der eigenen Lebensgestaltung zu überdenken, neue Wege einzuschlagen oder auch mit neuer Energie und Motivation wieder an die alte Stelle zurück zu kehren. Ganz abgesehen von den konkreten Erlebnissen (Reisen etc.), mit denen Sie Ihren „Tank" in der freien Zeit auffüllen können.

3.9 Die eigenen Wunden heilen

Es kann sein, dass Sie bei Ihrer Tätigkeit mit Schicksalen oder Situationen konfrontiert werden, die sich bei aller „Psychohygiene“ nicht ablegen lassen, die Ihnen nahe gehen, sozusagen nachhängen. Auch an dieser Stelle noch einmal die Ermutigung: Suchen Sie sich Unterstützung! Sie müssen nicht alles alleine schaffen!

Und es kann natürlich sein, dass Sie Themen berühren, die Sie möglicherweise an eigene biografische oder innerfamiliäre, transgenerational weitergegebene Wunden erinnern. Wenn eigene Themen angesprochen sind, merken Sie das vor allem an einem (zunächst vielleicht unerklärlichen) Mehr an Emotion, an Berührtheit relativ zu anderen Themen. So ist Deutschland zum Beispiel zutiefst geprägt durch unverarbeitete, transgenerational weitergegebene Traumata infolge von Krieg, NS-Terror ebenso wie Täterschaft, Entwurzelung und Vertreibung. In vielen Familien wurde das Erlebte verdrängt und verschwiegen, war aber dennoch, oder gerade deswegen emotional hoch wirksam. Es könnte also sein, um nur ein Beispiel zu nennen, dass Ihnen das Schicksal und die Situation geflüchteter Menschen sehr nah gehen und Sie besonders engagiert sind oder aber auch im Gegenteil, dass Sie mit dem Thema nichts zu tun haben wollen und eher gereizt darauf reagieren, weil Ihre eigenen Eltern oder Großeltern Vertreibung und Flucht erlebt haben. Und die unverarbeiteten Traumata, den Schmerz des Verlusts, die Verbitterung über das Nicht-Willkommensein am Zielort, die Ausgrenzung und Zuschreibungen, die die Atmosphäre in der Familie prägten – bestimmte Themen eben emotional hoch aufgeladen oder mit Tabus belegt sind (vgl. Reddemann 2019).

Viele Menschen, die sich entscheiden, Soziale Berufe zu ergreifen, hatten in ihrem Aufwachsen selbst mit schwierigen Bedingungen und Ereignissen zu kämpfen und wissen darum sehr gut um die Wichtigkeit (professioneller) Unterstützung, möchten vielleicht die Hilfe, die sie selbst erlebt oder aber auch schmerzlich vermisst haben, anderen Menschen geben. Selbst Widrigkeit überlebt und überwunden zu haben, kann eine sehr gute Grundlage sein, um mit belasteten Menschen zu arbeiten – Sie können aus Ihrem Erfahrungsschatz profitieren, wissen vielleicht, was sich wie anfühlt, was geholfen hat und was nicht.

Es gibt aber eine grundlegende Voraussetzung, damit aus überwundenen Schwierigkeiten eine Ressource wird: sie müssen tatsächlich (zumindest weitgehend) überwunden und integriert sein, also weder verdrängt und abgespalten, denn dann wirken sie im „Untergrund“, noch immer noch akut und triggerbar. Deshalb ist Bestandteil einer jeden guten Beratungsausbildung ein Teil Selbsterfahrung und jeder Therapieausbildung eine eigene Psychotherapie.

Voraussetzung, um gut mit Menschen in Problemlagen arbeiten zu können, ist, dass Sie eine gute innere Landkarte haben, wissen, wo Ihre eigenen wunden Punkte liegen, was Sie triggert – und natürlich ebenso, was Ihre Ressourcen und Stärken sind. Was auch immer es ist, was Ihre eigene Familiengeschichte und Biografie geprägt hat – es ist gut, sich selbst und den eigenen Hintergrund zu kennen, Erreichtes zu würdigen, aber auch Verletzungen und Verluste zu betrauern, Erlebtes nicht abwehren und abspalten zu müssen, sondern zu integrieren. Deshalb auch das relativ ausführliche Kapitel zu Emotionen.

Achten Sie auf sich! Finden Sie bei sich (schädliche) verinnerlichte Glaubenssätze (z. B. „Ich darf nicht nein sagen, sonst werde ich nicht mehr lieb gehabt", „Ich bin nur etwas wert, wenn ich etwas leiste") oder selbstschädigende Muster (z. B. die eigenen Grenzen nicht wahrnehmen und arbeiten bis zum Umfallen), setzen Sie ihnen heilsame Haltungen und Strategien entgegen. Die explizite Beschäftigung mit Selbstfürsorge, gekoppelt mit der achtsamen Wahrnehmung der eigenen Emotionen und Verhaltensweisen, ist ein solcher Schritt.

Und wenn Ihre Arbeit Sie immer wieder auf eigene unverarbeitete biografische oder transgenerational weitergegebene Belastungen, stößt: gönnen Sie sich eine eigene Unterstützung! Wenn Sie andere Menschen unterstützen (wollen), sollten Sie auch Unterstützung annehmen können, z. B. in Form von Beratung, Coaching oder Psychotherapie. Es ist professionell und verantwortlich, sich um das Heilen der eigenen Wunden und das liebevolle Annehmen des eigenen Gewordenseins zu kümmern. Nur so sind Gegenwärtigkeit und Wachstum wirklich möglich.

4 Ausblick und Abschluss

4.1 Die Vision: Wo geht es hin?

Zum Abschluss möchten wir Sie noch einmal zu einer Vision einladen: Wohin soll die Reise gehen? An dieser Stelle geht es nicht um die Analyse der Probleme, Herausforderungen, Beschränkungen und Hindernisse, mit denen Sie konfrontiert sind. Es geht darum, eine Vision einer wünschens- und lebenswerten Zukunft zu entwickeln; ein Ziel, auf das Sie zusteuern möchten, auf das Sie Ihren inneren Kompass ausrichten können. Erlauben Sie sich bei dieser inneren Reise ein Gefühl von Freiheit, „alles ist möglich". Vielleicht möchten Sie sich wieder etwas zu Schreiben bereit legen, damit Sie im Anschluss Ihre Ideen, Visionen, Bilder und Erkenntnisse festhalten können.

Wir starten wieder im gegenwärtigen Moment. Kommen Sie zu sich. Spüren Sie, wie Sie sitzen oder liegen. Spüren Sie die Unterlage. Spüren Sie, wie Sie ein- und ausatmen, wie Ihr Körper sich dabei bewegt. Vielleicht spüren Sie Verspannung, vielleicht spüren Sie auch, wie Sie sich entspannen. Kommen Sie mit allen Sinnen in Ihren Körper, in die Gegenwart. Wenn Sie mögen, gönnen Sie sich ein paar Minuten lang, einfach zu sein, Ihren Atem zu spüren, das Leben in sich zu spüren.

Wenn Sie bereit sind, möchten wir Sie zu einer Reise in die Zukunft einladen. *„Wie soll mein Leben aussehen – in einem Jahr? In zwei Jahren?"* Lassen Sie Bilder in sich aufsteigen: *„Wie ist mein Lebensgefühl? Was werde ich tun? Wie sind meine Tage gefüllt? Meine Arbeit, meine freie Zeit?"* Lassen Sie freie Assoziationen zu, spinnen sie weiter, malen Sie sie aus. Fühlen Sie sich frei zu ergänzen, fügen Sie Elemente hinzu, die es noch schöner, erfüllender machen.

Wenn Sie ein gutes Gefühl, Bilder für die „nähere Zukunft" bekommen haben, gehen Sie weiter: *„Wie ist mein Leben in fünf Jahren, in zehn? Was geht, was kommt dazu?"* Folgen Sie Ihren Wünschen und Träumen, lassen Sie Bilder aufsteigen, malen sie aus. Nehmen Sie sich Zeit. Danach halten Sie gerne inne, schreiben auf, was Ihnen durch den Kopf gegangen ist, ruhig unstrukturiert, ungefiltert.

Und dann, wenn Sie mögen, können Sie noch einen Schritt weitergehen: „*Was will ich über mein Leben sagen, wenn ich in Rente gehe? Und noch später, am Ende meines Lebens, wenn ich diesen Planeten verlasse? Worauf will ich zurück blicken, was will ich hinterlassen?*" Wenn Sie mögen, können Sie einen Brief „aus der Zukunft" an sich selbst verfassen, aus der Perspektive dieser Weisheit: „*Was rate ich dir? Was ist es, was zählt?*"

Und wenn Sie dann noch einen Schritt weitergehen möchten, nehmen Sie eine Perspektive ein, die über Ihr eigenes Leben hinaus geht: „*Welche Entwicklung wünsche ich mir für die Welt, für meine Kinder, Enkel, deren Enkel …? Wie soll die Welt in 100, 200 Jahren aussehen?*" Wenn Sie möchten, schreiben Sie einen Brief an einen jungen Menschen in ferner Zukunft, welches Leben, welche Welt Sie sich für ihn wünschen.

Wenn Sie einige oder alle diese Schritte vollzogen haben, wird in Ihnen ein klareres Bild entstanden sein, welche Zukunft Sie anstreben – zu Ihrem eigenen Wohl und zu dem der Menschheit, des ganzen Planeten. Darauf können Sie Ihren inneren Kompass, Ihre Handlungen ausrichten – im Heute, in jeder Lebenslage und Entscheidung, im Großen wie im Kleinen.

4.2 Die Umsetzung

Nun sind wir am Ende des Buches angelangt. Sie könnten es künftig nutzen, um bei Bedarf noch einmal zu speziellen Fragen nachzuschlagen. Die Chance, dass Inhalte dieses Buches nicht nur ein kurzes Aha-Erlebnis, sondern eine anhaltende Haltungs- und Verhaltensänderung bewirken, ist umso größer, je mehr Sie sie verinnerlichen, sie zu „eigenen" Ideen werden lassen. Die folgende Übung, die ebenso wie die vorherige Zukunfts-Visions-Übung von Arjuna Ardagh inspiriert ist (vgl. Ardagh 2018), könnte dazu beitragen.

Wenn Sie mögen, nehmen Sie sich zum Abschluss einen Moment Zeit und schreiben in einer Art Brainstorming sämtliche Inhalte und Übungen dieses Buches, die Ihnen im Gedächtnis geblieben sind, stichpunktartig untereinander auf. Schreiben Sie so lange, bis Ihnen nichts mehr einfällt.

In einem nächsten Schritt gehen Sie diese Stichpunkte durch und bewerten sie nach dem Nutzen, den sie für Sie haben, auf einer Skala von 1 bis 5.

1: sehr inspirierend, das werde ich auf jeden Fall sofort umsetzen oder in meinem Leben berücksichtigen

2: spannend, das würde ich gerne in einem nächsten Schritt umsetzen oder einbeziehen
3: auch interessant, ich könnte mir vorstellen, das irgendwann mal auszuprobieren
4: auf diesen Punkt hätte ich auch verzichten können. Dem Buch hätte ohne ihn nichts gefehlt.
5: diesen Inhalt fand ich richtig schlecht, falsch und habe mich darüber geärgert.

Wenn Sie alle Stichpunkte bewertet haben, suchen Sie in einem nächsten Schritt lediglich diejenigen heraus, die Sie mit 1 oder 2 bewertet haben. Übertragen Sie diese in eine neue Liste und notieren Sie bitte hinter jedem Punkt, wo und wie genau Sie diesen Punkt in Ihr Leben übernehmen möchten.

4.3 Schlusswort

Was auch immer Sie für sich aus diesem Buch herausziehen können – wir wünschen uns und Ihnen vom Herzen, dass es Ihnen dienen mag, mit sich und unserer unvollkommenen und doch so liebenswerten Welt annehmend, friedlich und liebevoll umzugehen. So wie jede Form von Gewalt in der Welt keine echte, nachhaltige Lösung bringen kann, sondern immer weitere, zerstörerische Schleifen desselben erzeugt, so verhält es sich auch mit uns, in uns. Die Härte und Ablehnung, die wir alle im Umgang mit uns mehr oder weniger gelernt und internalisiert haben, will gesehen, angenommen und … verabschiedet werden. Wie alle Härte und Gewalt auf der Welt transformiert gehört, damit der Planet heilen und gedeihen kann. Dies ist aus unserer Sicht so plakativ wie wahr. Wenn wir den Mut haben, unserem Licht wie unserem Schatten annehmend zu begegnen, dann werden wir ganz. Dann werden wir wir selbst. In diesem Sinne wünschen wir Ihnen den Mut zur Ehrlichkeit und zur Liebe, zu sich wie zu den anderen, inklusive dieses wunderschönen, einzigartigen Planeten, damit wir alle die stürmische See vor uns klar und stabil navigieren können.

Literatur

APA – American Psychiatric Association (2000): Diagnostic and statistical manual of mental disorders. DSM-IV-TR (4th rev. ed.). Washington, DC: APA.

Ardagh, A. (2018): Radical Brilliance. The Anatomy of How and Why People Have Original Life-Changing Ideas. Nevada City CA: SelfXPress.

Bauer, J. (2016): Warum ich fühle, was du fühlst. Intuitive Kommunikation und das Geheimnis der Spiegelneurone. Aktualisierte Neuauflage 2016. München: Heyne.

Cameron, J. (2000): Der Weg des Künstlers. Ein spiritueller Pfad zur Aktivierung unserer Kreativität. München: Droemer-Knaur.

Gahleitner, S./Zimmermann, D./Zito, D. (2017): Psychosoziale und traumapädagogische Arbeit mit geflüchteten Menschen. Göttingen: Vandehoeck & Ruprecht.

GEW (2013): „Soziale Arbeit als Gute Arbeit". Dokumentation zum Forschungsworkshop. Online verfügbar unter: https://www.gew.de/index.php?eID=dumpFile&t=f&f=32649&token=5f71da4800548aac84a50ae9f8ababedb006d171&sdownload=&n=Soziale_Arbeit_als_gute_Arbeit_WorkshopDoku.pdf (Zugriff 28.06.2020)

Hantke, L./Görges, H.-J. (2012): Handbuch Traumakompetenz. Basiswissen für Therapie, Beratung und Pädagogik. Paderborn: Junfermann.

Huber, M. (2005): Der innere Garten. Ein achtsamer Weg zur persönlichen Veränderung. Paderborn: Junfermann.

Huber, M. (2003): Trauma und Traumabehandlung. Bd. 2: Wege der Trauma-Behandlung. Paderborn: Junfermann.

Mujawayo, E./Zito, D. (2017): Dem Leben wieder einen Sinn geben. Die Arbeit im Psychosozialen Zentrum für Flüchtlinge (PSZ) Düsseldorf. In: Familiendynamik – Systemische Praxis und Forschung, Heft 1/2017. Stuttgart: Klett-Cotta, S. 4–9.

Reddemann, L. (2019): Blick zurück nach vorn: wie sich die Folgen von Zweitem Weltkrieg, Flucht und Vertreibung in der Gegenwart auswirken. In: Reddemann, L.; Joksimovic, L.; Kaster, S. D.; Gerlach, C.: Trauma ist nicht alles. Ein Mutmach-Buch für die Arbeit mit Geflüchteten. Stuttgart: Klett-Cotta, S. 184–201.

Reddemann, L. (2001): Imagination als heilsame Kraft. Zur Behandlung von Traumafolgen mit ressourcenorientierten Verfahren. Stuttgart: Klett-Cotta. Überarbeitete Neuauflage 2016.

Scherwath, C./Friedrich, S. (2012): Soziale und pädagogische Arbeit bei Traumatisierung, München: Ernst Rheinhardt.

Tolle, E. (2010): Jetzt! Die Kraft der Gegenwart. Bielefeld: Kamphausen.

Wedekind, E./Georgi, H. (2017): Identität und Aufgabe. 2. Auflage 2017. Gruppen, Teams und Leitungskräfte in der systemischen Werkstatt. Berlin: Xenomoi Verlag.

Zito, D./Martin, E. (2016): Umgang mit traumatisierten Flüchtlingen. Ein Leitfaden für Fachkräfte und Ehrenamtliche. Weinheim und Basel: Beltz Juventa.

Bildnachweise

Die Autor_innen

Foto: Jasmin Feike,
© Zito/Martin

Dima Zito, Dr. phil. (Human- und Sozialwissenschaften), Diplom-Sozialpädagogin, Psychoanalytisch-Systemische Supervisorin (SG), Systemische Therapeutin und Familientherapeutin (DGSF), Systemische Traumatherapeutin, Psychodramatherapeutin, Heilpraktikerin für Psychotherapie. Seit 2003 Traumatherapeutin im Psychosozialen Zentrum für Flüchtlinge Düsseldorf (PSZ), außerdem Forschungs-, Lehr- und Supervisionstätigkeit sowie zahlreiche Veröffentlichungen mit den Schwerpunkten Trauma und Flucht.

Foto: Dima Zito,
© Zito/Martin

Ernest Martin, Diplom-Psychologe, Integrativer Gestalt-Körperpsychotherapeut, Fachberater für Psychotraumatologie (DeGPT), Ausbildung in integrierter Ehe- und Familienberatung mit psychoanalytisch-systemischer Orientierung. Langjährige Tätigkeit in unterschiedlichen Arbeitsfeldern der Jugendhilfe sowie einer psychologischen Beratungsstelle, seit 2012 eigene Praxis für Psychotherapie, Paarberatung und Körperarbeit in Hückeswagen, darüber hinaus Supervision und Fortbildung in psychosozialen und pädagogischen Arbeitsfeldern.